Poul Bundgaard

Das Leben ist schön – Livet er skønt

Poul Bundgaards Erinnerungen

Aus dem Dänischen übersetzt und kommentiert von Janine Strahl-Oesterreich

Poul Bundgaard

Das Leben ist schön
Livet er skønt

Poul Bundgaards Erinnerungen

Aus dem Dänischen übersetzt und kommentiert von
Janine Strahl-Oesterreich

Bibliografische Information der Deutschen Nationalbibliothek
Die Deutsche Nationalbibliothek verzeichnet diese Publikation in der Deutschen Nationalbibliografie; detaillierte bibliografische Angaben sind im Internet über http://dnb.ddb.de abrufbar.

1. Auflage 2018

Umschlaggestaltung: Kerstin Spohler
Satz und Layout: Militzke Verlag
Gesetzt aus der ITC Legacy Serif
Druck und buchbinderische Verarbeitung:
Himmer GmbH · Druckerei & Verlag, Augsburg

Printed in Europe
ISBN 978-3-86189-979-2

Besuchen Sie den Militzke Verlag im Internet unter:
www.militzke.de

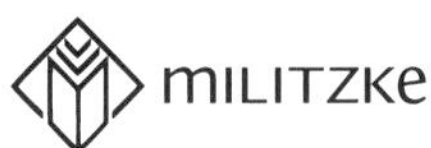

Inhalt

Livet er skønt – Das Leben ist schön

Aus dem Dänischen übersetzt und kommentiert von Janine Strahl-Oesterreich.

1988 schrieb Poul Bundgaard - als er mit drei Blutgerinnseln im Krankenhaus lag - seine Erinnerungen „Livet er skønt“. Sie sind jetzt um Kommentare der Übersetzerin ergänzt, die auf Erzählungen von Familie, Freunden und Kollegen beruhen.
In seinen Erinnerungen nennt Poul alle Menschen bei ihrem vollen Namen. Aus Respekt, Freundschaft oder Liebe. In der deutschen Ausgabe wurden nur die Namen beibehalten, die unverzichtbar für seine Lebensgeschichte oder auch in Deutschland bekannt sind.

Janine Strahl-Oesterreich, Mai 2018

Vorwort

Ich schreibe dieses Buch nur, weil ich all die Jahre, in denen die Kinder aufwuchsen, so beschäftigt war, dass sie keine Zeit hatten, mich kennenzulernen. Nun haben sie die Möglichkeit – und ich kann bei der Gelegenheit nicht ganz so Schönes tilgen.
In einem meiner Lieder habe ich einmal gesungen: „Dank ist ein armes Wort ...“. Das ist es wahrscheinlich auch, wenn man damit um sich wirft. Aber wenn es in aller Aufrichtigkeit gesagt wird, offenen und reinen Herzens – dann ist es ein reiches Wort.

Poul Bundgaard

Für
Steen, Helle, Peter und Kirsten

Es war tatsächlich so: Seine Arbeit hielt ihn in Atem und brachte ihn außer Atem. Poul Bundgaard war ein gefeierter Sänger und Schauspieler. Er machte Theater, Film, Fernsehen und Radio und war im ganzen Land zu Auftritten unterwegs.
Viel Zeit für die Kinder blieb nicht. Aber die wenige Zeit nutzte er intensiv. So, wie Ove Sprogøe es einmal auf den Punkt brachte: Ein Drehtag ist zu Ende, der Regisseur sagt „Danke für heute!“. Bei „Danke“ sitzt Poul schon im Auto. Bei „für“ heulen die Reifen auf und bei „heute“ lässt er sich mit der Familie zu Hause im Swimmingpool treiben. Dann geht es ihm einfach nur noch gut.

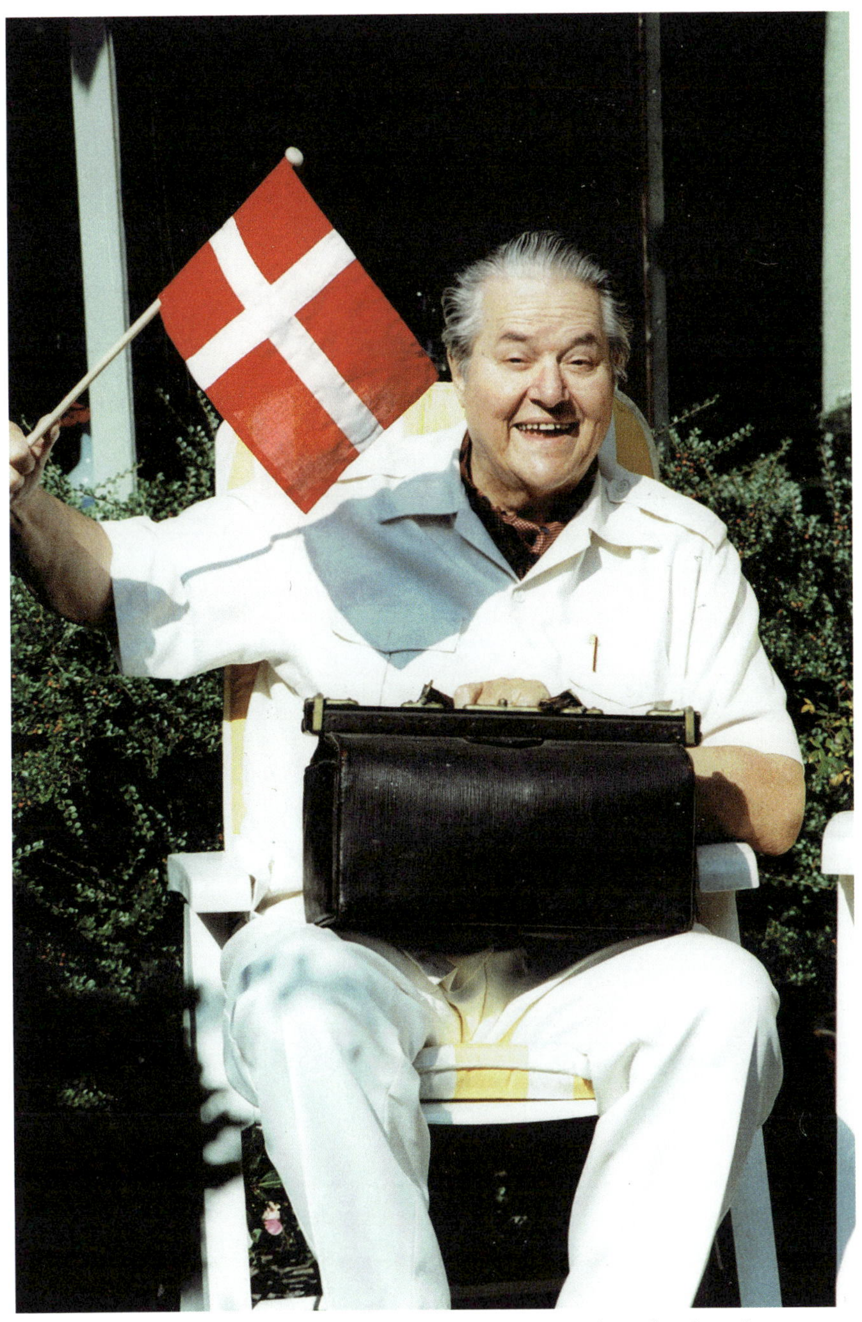

Poul Bundgaard in seiner Paraderolle als „Kjeld“ in der Olsenbande. (Foto: privat)

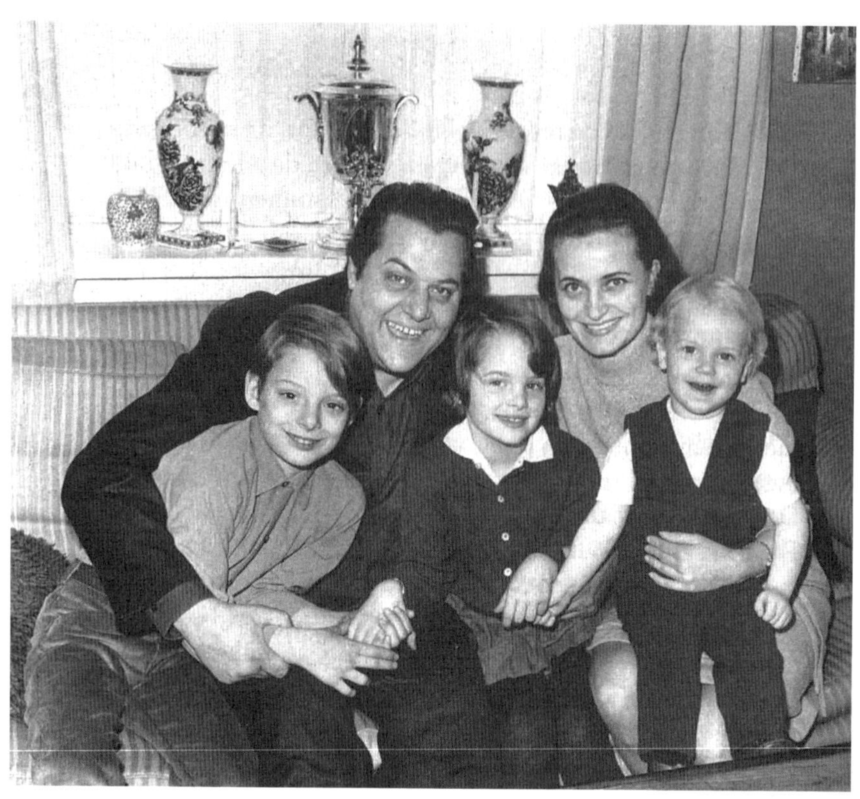

Eine glückliche Familie. Poul und Kirsten mit ihren Kindern Steen, Helle und Peter. (Foto: Birthe Melchiors)

1 Die Großeltern

Ein Buch zu beginnen ist sehr schwer – und sehr interessant. Da gibt es sicher Parallelen zur werdenden Mutter. Sie wartet und wartet, und plötzlich ist der Tag da – sie soll entbinden. Gedanken schießen durch den Kopf. Wie wird das Kind? Hoffentlich gesund und wohlgeraten – eine schöne Antwort auf alle ihre Träume.

Natürlich kann man das Kinderkriegen nicht mit dem Bücherschreiben vergleichen, aber auch ich wartete ungeduldig auf den Tag, an dem ich endlich spüren würde: Jetzt ist die Zeit gekommen, jetzt schlägt die Stunde der Geburt.

Wie man mir erzählte, erblickte ich am 27. Oktober 1922 das Licht der Welt – und darauf habe ich mich seitdem verlassen. Ich habe diesen Tag immer treu und brav gefeiert. Er ist ja wichtig für mich, und immer steht ein Kuchen voller Kerzen bereit, die ich alle selbst ausblasen muss. Alle auf einmal! Das ist mit den Jahren natürlich nicht leichter geworden, man braucht immer mehr Luft, aber bis jetzt geht es noch gut. Zu einem richtigen Geburtstag gehören außerdem Kakao, Schlagsahne und eine nette Kuchenauswahl. Man muss schließlich sein Gewicht halten! Zwar hat mich meine Zuckerkrankheit in den letzten zwölf Jahren davon abgehalten, Kuchen-Rekorde aufzustellen, aber einiges genehmige ich mir trotzdem!

Mein Großvater war Küster und Lehrer in der schönen Gemeinde Vejstrup in Jütland. Er war ein großer, strammer Kerl, ein richtiges Mannsbild. Als Schulmann war er tüchtig und streng, aber gerecht, und in der Kirche sang er mit kräftiger Stimme, die sein Sohn Peter, mein Vater, erbte.

Meine Großmutter war eine schöne Frau. Da sie früh starb, habe ich sie aber leider nicht mehr erlebt. Großvaters zweite Frau, Tante Mads, war eine robuste Dame mit geschickten Händen.

Sie wohnten in einem kleinen Haus unweit von Kirche und Schule. Letztere war ein langes, niedriges Gebäude. Ich weiß noch, wie ich mich oft heranschlich, um durch die Fenster zu schauen, wenn Großvater unterrichtete.

Die Kirche hat einen eigenen, treuherzigen Reiz. Sie ist eine der wenigen vom Neo-Klassizismus geprägten Gotteshäuser im Land. Eingeweiht wurde sie am 8. November 1840. Aber davon hatte ich natürlich keinen blassen Schimmer, als ich dort in den späten 1920er-Jahren herumtobte.

Woran ich mich jedoch deutlich erinnere, ist die alte Steinmauer, die Schule und Friedhof voneinander trennt. Dort fing ich eines Tages eine Schlange. Zu Hause öffnete ich den Sack und schüttete meine Beute auf den Küchenboden. Meine Mutter und Tante Mads schrien auf und rissen mich weg. Da lag eine Kreuzotter!

Großvater war Vorsitzender des örtlichen Gesangsvereins und bekam von den Mitgliedern 1911 eine schöne goldene Uhr mit doppeltem Gehäuse geschenkt, die ich immer noch hüte.

Und um noch ein wenig mehr mit ihm anzugeben, zitiere ich zwei seiner Schüler. Bei dem einen heißt es: „Für die Lehrer in meiner Kindheit war ihr Beruf eine Berufung. So war es auch bei Niels Bundgaard. Wir, seine alten Schüler, gedenken seiner in großer Dankbarkeit." Und der andere erzählt: „1906 kam ich in die Vejstrup-Schule und hatte Hauptlehrer Bundgaard als Lehrer. Respekt war für ihn kein Problem. Er vermittelte den Kindern gründliche Kenntnisse. Man lernte schreiben, rechnen und lesen und bekam die Bibelgeschichte so lebendig geschildert, dass es eine Lust war. Ich wage zu behaupten, dass viele Kinder, die von der Dorfschule in Vejstrup abgingen, besser buchstabieren und schreiben konnten als viele Gymnasiasten heute! In der Kirche führte er den gemeinsamen Gesang mit sicherer und klangvoller Stimme an, und war der Pastor einmal verhindert, konnte es ihm einfallen, die Predigt selbst zu schreiben, die er bescheiden in die Postille legte, aus der er dann scheinbar vorlas."

Mein Großvater hat auch eine Bibelgeschichte geschrieben. Im Abschnitt über die Schöpfung erhält man einen Eindruck von seinem Glauben und seiner Erzählweise. „Die Bibel berichtet auf der ersten Seite", schreibt er, „wie die Juden sich dachten, dass Gott die Welt und das Leben erschuf, aber darüber können die Menschen nichts sicher wissen, und es ist auch nicht nötig, es zu wissen. Die Hauptsache ist, dass die Welt mit all ihrem Leben, mit all ihren vielen Möglichkeiten das Ergebnis der Schöpferkraft des allmächtigen Gottes ist und dass er in seiner Schöpfung bis zum heutigen Tage wirkt. Wir sind nicht den Launen des Zufalls unterworfen, sondern in der Obhut von Gottvater!"

Als mein Großvater mit sechzig Jahren gelähmt war und seine letzten Jahre im Rollstuhl zubringen musste, hatte Tante Mads alle Hände voll zu tun. Ich war nicht sehr alt, als er starb, aber ich weiß noch, dass über seinem Bett ein Haltegriff hing. Bei einem unserer Jütlandbesuche hörte meine Mutter aus Großvaters Zimmer Freudengeschrei. Sie stürzte entsetzt hinein. Und was sah sie? Oh Schreck – ihr Sohn hing an dem Griff und schaukelte wie Tarzan über dem kranken Mann hin und her. Man hatte, wie gesagt, gehörigen Respekt vor ihm, und sie wollte gerade den Mund öffnen, um ihn aus der Lage zu befreien.

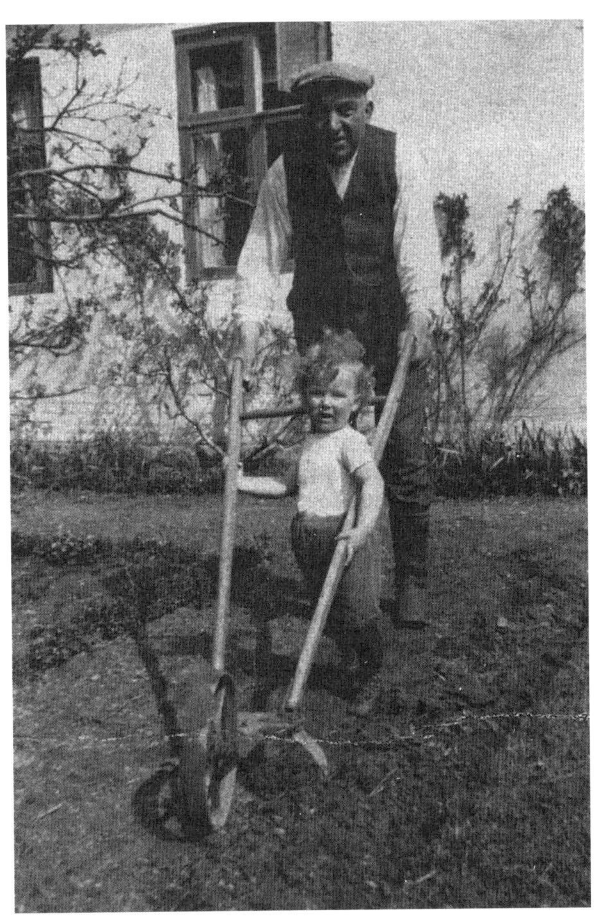

Mit dem Großvater bei der Gartenarbeit. (Foto: privat)

Doch noch ehe sie ein Wort hervorbringen konnte, brüllte mein Großvater „raus!“. Seine Enkel durften alles. Ansonsten erinnere ich mich nur noch, dass es jede Menge Hühner gab, die ich leidenschaftlich gern fütterte. Das alles ist gerade mal zweiundsechzig Jahre her, gehört aber einer entschwundenen Zeit an. Die Ruhe von damals habe ich nie wiedergefunden.

Wie glücklich und aufgeregt war ich aber, als ich später in der alten Kirche meines Großvaters ein kleines Weihnachtskonzert geben durfte. Das war eines meiner schönsten Erlebnisse als Sänger. Ich konnte fast seine Anwesenheit spüren. Es gibt Momente in unserem Leben, in denen alles zu einer Einheit verschmilzt, in denen man in einer großen, lichten und schönen Offenbarung Leben, Tod und Ewigkeit versteht.

Jahr für Jahr lege ich meinen Großeltern eine Blume aufs Grab.

So viel – und so wenig – über das Leben meiner Großeltern, der Eltern meines Vaters. Über die Eltern meiner Mutter weiß ich leider nicht sehr viel. Meinem Großvater mütterlicherseits bin ich nie begegnet, weiß aber, dass er Tischlermeister war und mit seiner Frau in Amager in einem kleinen selbstgebauten Haus wohnte. Auf Bildern sieht man, dass er ein schöner Mann gewesen sein muss.

Meine Mutter Ebba hatte eine enge Bindung zu ihrem Vater, verlor ihn aber schon früh, als er bei einem Unfall ums Leben kam. Großmutter musste das Haus verkaufen und zog mit Ebba und den beiden anderen Töchtern Erna und Ellen in eine kleine Wohnung in Nørrebro. Mit Näharbeiten sorgte sie dafür, dass die Mädchen aufwachsen konnten, ohne dass ihnen etwas fehlte. Aber dafür musste Großmutter nachts bis weit in die Morgenstunden nähen.

Da sie sehr alt wurde, hatte ich das Glück, sie selbst noch zu erleben. Immer wenn ich als Kind bei ihr zu Besuch war, durfte ich ihre ganze Küche malern, zwar nur mit Wasser, aber genossen habe ich es doch!

2 Meine Eltern

Ich bin jetzt fünfundsechzig, fühle mich aber immer noch wie ein kleiner Junge.

Wenn ich sage „Meine Mutter und mein Vater", dann bin ich immer noch Kind und mich erfüllen Wärme und Dankbarkeit. Wenn ich zu erklären versuche, wie viel sie für mich bedeutet haben, macht sich da immer eine kleine verräterische, sentimentale Träne auf den Weg. Ich schäme mich nicht dafür. Ich erinnere mich in Dankbarkeit an ihre aufopfernde Liebe zu ihren beiden Kindern, meiner Schwester und mir.

Meine Mutter wurde im Stadtteil Amager geboren und war ein lebenslustiges, schönes Mädchen. Wenn ich an sie denke, sehe ich immer ihr strahlendes Lächeln vor mir. Sie war eine unverbesserliche Optimistin, ein fröhlicher Mensch mit großem Lebenshunger. Mit ihrem vergnügten Gelächter meisterte sie viele schwierige Situationen. Sie war eine große Stütze für Vater, meine Schwester Grethe und mich. Sie drängte sich niemals auf, aber wenn wir ihren Rat und ihre Liebe brauchten, war sie da – immer! Sie hatte großes Talent zum Fabulieren und konnte wunderbare, launige Briefe schreiben.

Einmal schenkte sie mir eine kleine, hundert Jahre alte Figur zusammen mit folgendem Brief, in dem sie die Figur sprechen lässt:

„Lieber Poul!
Ja, vielleicht kannst Du Dich nicht an mich erinnern, aber ich erinnere mich sehr gut an Dich. Ich habe Dich ja so oft zu Hause bei deiner Großmutter gesehen. Vielleicht weißt Du aber noch, dass ich auf dem Schreibtisch deiner Großmutter stand, ja, viele Jahre hatte ich eine schmucke Dame an meiner Seite, aber ach, eines Tages verlor sie den Kopf und wurde weggeworfen. Denn, weißt Du, damals hatte man noch nicht so einen feinen Klebstoff wie heute. So stand ich fortan allein da und hatte nur noch meine Erinnerungen.

Ich bin über hundert Jahre alt und war immer im Haus Deiner Großmutter. Nach ihrem Tod kam ich zur Tante. Doch nun haben sie und Deine Mutter entschieden, dass ich zu Dir ziehen soll.

Sie sagen, dass Du alte Dinge liebst, und vielleicht wirst Du nun auch mich ein klein wenig mögen. Ich bin überhaupt nicht böse, wenn Du mich in einen Schrank steckst. Ich weiß es mir schon gemütlich zu machen.

Ja, nun freue ich mich schon darauf, in ein Haus mit Kindern und Hund zu kommen, ein Haus, wo was los ist, und so soll es ja bei Euch sein, hab ich gehört.

Seid gegrüßt alle miteinander!

Der Mann aus König Ruders Zeit.“

So war meine Mutter.

Mein Vater war Jütländer. Wenn er lachte, dann gab es wirklich einen Grund. Er war ein gestandenes Mannsbild und in seinen jungen Jahren ein ziemlich flotter Bursche. Er war sicher auch kein Kind von Traurigkeit, was die Mädchen betraf. Großvater wollte, dass Vater Lehrer wird, aber nein, keine Rede davon! Er wollte in die großen Städte, er wollte leben, raus aus der kleinen Gemeinschaft und auf eigenen Beinen stehen.

Er kam in die Molkereischule, wurde Molkereiarbeiter und bekam eine Anstellung in Næstved. Dort begegnete er eines Tages auf dem Jahrmarkt einem schönen jungen Mädchen, das seine Ferien im Ort verbrachte und – ob man es glaubt oder nicht – mit ihm gemeinsam in einer Luftschaukel saß.

Sie verlobten sich, heirateten und zogen nach Kopenhagen in eine schöne Wohnung, die dem Schiffsreeder A. P. Møller gehörte, bei dem Mutter Kindermädchen gewesen war.

Mein Vater war mein bester Freund, auch nachdem ich von zu Hause weggezogen war. Er war ein Mann, auf den man sich verlassen konnte und der mit beiden Beinen fest auf dem Boden stand. Eigentlich war er schwermütig – das bin ich auch ab und zu –, konnte aber auch sehr amüsant sein, wenn er dazu aufgelegt war. Vater hatte eine große Stimme, einen Tenor, und war bei dem großen Tenor des Königlichen Theaters, Wilhelm Herold, Schüler gewesen. Aber er glaubte nicht an sich als Künstler.

Außerdem war er inzwischen Verwalter in der Dänischen Milchkompagnie geworden, hatte mehrere hundert Menschen unter sich und wählte die Sicherheit. Das war wirklich schade: Seine Stimme war sehr viel größer und besser als meine. Aber durch mein Theaterleben konnte er zum Glück ein wenig teilhaben an dieser besonderen Welt, für die eigentlich er geboren war.

3 Ich

Jetzt sind wir an dem Punkt angelangt, an dem ich in die Geschichte eintrete.

Nachdem sie ein Jahr verheiratet waren, trafen meine Eltern die wichtige Entscheidung, die zu meiner Entstehung führte. Am 27. Oktober 1922 ließ ich mich, wie schon gesagt, auf die Welt bringen.

Wir bewohnten im Parterre eines zweistöckigen Hauses eine Dreizimmerwohnung, zu der auch ein hübscher Garten gehörte. Genau gegenüber hatte der Sportsklub Hellerup seine Tennisplätze und hundert Meter weiter die Straße hinunter lag der Yachthafen von Hellerup, ein herrlicher Tummelplatz für Kinder aller Altersgruppen.

Bevor man den Hafen erreicht, kommt man an einem schönen Rosengarten vorbei, der im Sommer eine üppige Blütenpracht entfaltet. Und auf der rechten Seite, genau am Wasser, befand sich damals die Filmgesellschaft Palladium, wo man die Pat-und-Patachon-Filme drehte. So sahen die Kulissen meiner Kindheit aus.

Ein wahres Paradies für uns Kinder.

Einmal bekam ich ein Spielzeugpferd geschenkt. Es war rot, stand auf drei Rädern und hatte einen prächtigen Schwanz, am Anfang jedenfalls. Denn irgendwie muss es meine kreativen Fähigkeiten herausgefordert haben, und als ich den abgerissenen Schwanz in den Händen hielt, war ich glücklich. Aber ich habe auch immer noch den Schrei meiner Mutter im Ohr, als sie das schöne neue Pferd seines Schmuckes beraubt sah.

Da war noch eine andere aufregende Geschichte. Mit fünf spielte ich fröhlich in unserem kleinen Garten, als plötzlich ein großer Lastwagen vom „Magasin“-Kaufhaus angefahren kommt und genau vor unserem Aufgang hält. Ich schaue mich kurz nach dem Wagen um und spiele weiter. Aus den Augenwinkeln sehe ich, wie der Fahrer vorsichtig eine kleine Draisine vom Wagen lädt. Das ist, um es den jungen Leuten zu erklären, ein Spielzeugauto auf vier Rädern, bei dem man mit den Füßen lenkt und selbst der Motor ist, indem man mit den Händen eine senkrechte Stange vor und zurück bewegt. „Ob das wohl für mich ist?“ denke ich, sprinte aus dem Garten, bin dem Fahrer dicht auf den Fersen, und – oh Seligkeit – er klingelt bei uns. Das Auto war tatsächlich für mich! Bis ins reife Knabenalter war es mein treuer Freund, ich liebte es und weinte bittere Tränen, als ich von ihm Abschied nehmen musste, aber da fiel es wirklich schon auseinander. Komisch, dass man immer noch so viele Jahre danach so stark für einen toten Gegenstand empfinden kann.

Wenn ich nicht im Garten spielte, war ich Bälleholer für die Tennisspieler auf den Plätzen gegenüber. Dann winkten gern mal zehn Øre Belohnung, das war damals viel Geld und im Handumdrehen bei der „Bonbontante" für Süßigkeiten ausgegeben. Der Mann, der die Plätze betreute, war sympathisch und freundlich. Einmal durfte ich ihn zum Kaffee zu uns nach Hause einladen. Ich flitzte los, kaufte zehn große Stücke Kuchen, lief wieder nach Hause und wartete – aber er kam nicht. Das war das erste Mal, dass ich einen Gast nach Hause eingeladen hatte. Von dieser Enttäuschung erholte ich mich nur schwer.

Apropos Süßigkeiten: Ich hatte einen Onkel Peter, das war ein kleiner, trockener Mann, und bei seinen Besuchen war ich so artig wie sonst nie. Da ich einmal gehört hatte, wie mein Vater sagte: „Ich bin schon groß, ich nehme ein Bier!", plapperte ich das nun einmal nach, als mein Onkel bei uns war. Der stand wie vom Donner gerührt da und war so verdattert, dass er mir fünfzig Øre gab. So viel Geld hatte ich noch nie auf einmal in der Hand gehabt, und so zauberte ich ein paar Freudentränen hervor. Das rührte Onkel Peter so sehr, dass wir den Spaß bei jedem seiner Besuche wiederholten. Wobei ich auch immer schön an die Tränen dachte.

Man stelle sich vor, unmittelbar neben der Palladium-Film zu wohnen! Ich saß unzählige Stunden rittlings auf einem hohen Zaun und schaute in diese wundersame Welt. Hier entstanden die weltberühmten Pat-und-Patachon-Filme. Der Darsteller von Pat, Carl Schenstrøm, nahm sich ab und zu Zeit, um mit uns Kindern zu plaudern. Das waren für uns alles aufregende Erlebnisse. Die eine Woche konnte da plötzlich ein richtiges afrikanisches Dorf stehen. Ich weiß noch, wie beklommen uns Jungen zumute war, wenn uns einige der „Afrikaner" in der Pause auf einmal auf Dänisch ansprachen. Oder Pat und Patachon trieben auf einem Floß aufs Meer hinaus, während es – aus ein paar großen Feuerlöschspritzen – in Strömen regnete.

Übrigens: Ich debütierte in einem ihrer Filme! Er hieß „Frøken Petersens plejebarn" (*Fräulein Petersens Pflegekind*), ich war vier Monate alt, lag im Kinderwagen und wurde von der Schauspielerin Maria Garland spazieren gefahren. Daran mochte sie später nie gern erinnert werden, denn „so alt war ich nun auch wieder nicht!". Für meine Ausleihe erhielt mein Vater fünf Kronen, das sind heute 67 Cent. Davon spendierte er den Nachbarn in unserem Garten ein Bier. Rechnet man also dieses Debüt dazu, hatte ich vor fünfundsechzig Jahren meinen ersten Auftritt.

Der Hafen unseres Stadtteils Hellerup war klein, aber urgemütlich. Man kannte sich, man half einander, die Atmosphäre war wie in einer kleinen Provinzstadt. Wir Jungen waren für die Bootseigentümer Laufburschen und bekamen zum Lohn immer ein Eis am Stiel.

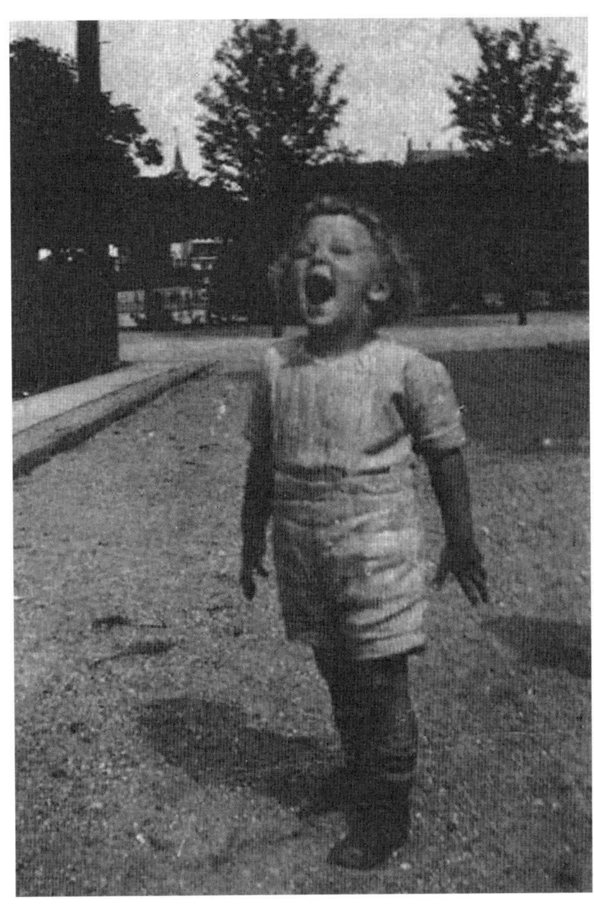

Das erste hohe C.
(Foto: privat)

Man konnte im Hafen auch angeln. Am besten war es auf der Mole. Einmal standen mein Vater und ich dort, und die Steine waren so glatt, dass ich ausrutschte und ins Wasser fiel. Papa zog mich natürlich schnell wieder raus, aber als wir nach Hause kamen und er Mama erzählte, dass ihr kleiner Sohn fast ertrunken wäre, schimpfte sie ihn gehörig aus und es verging einige Zeit, bis wir wieder auf der Mole standen und angelten.

Meist nahm sich unser Fang allerdings ziemlich mager aus. Als ich einmal allein dort angeln war, habe ich aber etwas nachgeholfen. Ich schnappte mir einen großen Dorsch, der tot im Hafenbecken trieb, und steckte ihn an meinen Angelhaken. Da ich wusste, dass meine Eltern gerade mit ein paar Freunden im Garten beim Nachmittagskaffee saßen, wollte ich sie mit meinem „Fang" beeindrucken. Unter Rufen lief ich ihnen entgegen.

Mein Vater sprang auf und jubelte: „Ist der aber groß, den kauf ich dir ab!" Und er erklärte stolz: „Ja, Freunde, das ist nicht das erste Mal, dass er mit so einem Prachtexemplar nach Hause kommt. Er kann eben angeln. Das hat er von mir!" Erst dann sah er – und die anderen auch –, was das für ein Fang war, den er so hochgelobt hatte. Nie wieder habe ich mich so geschämt.

Was den Jugendlichen von heute sicher etwas merkwürdig vorkommen mag, ist, dass wir keine Innentoilette hatten. Wir saßen in Reih und Glied auf einem Drei-Mann-Klo im Freien! Zwar gab es zwischen den Eimern eine dünne Trennwand, aber eigenartig war es schon, sich bei seiner Sitzung mit dem Nachbarn zu unterhalten. Und natürlich lockt so eine Umgebung Ratten an. Ich sehe immer noch vor mir, wie mein Vater und ich im Küchenfenster sitzen und auf sie schießen.

Auch so etwas wie ein Bad gab es nicht in der Wohnung. Wir gingen einfach jeden Freitag in die Hellerup-Schule und schrubbten uns dort sauber.

Ein Kapitel für sich war die Sonntagmorgen-Rasur meines Vaters. Dazu lud ich immer ein paar Freunde ein, denn das war große Unterhaltung. Was er da vor dem Spiegel mit Seifenschaum und Rasiermesser an komischen Grimassen schnitt, ist unbeschreiblich, ich war sehr stolz auf ihn.

Ansonsten verbrachte ich natürlich die meiste Zeit mit meiner Mutter. Wir hatten es so gut miteinander, dass ich es nicht mit Worten auszudrücken vermag. Mama war stets in bester Laune. Sie hielt ihr Heim peinlich sauber, hatte aber trotzdem immer Zeit, um mit mir zu reden und zu spielen.

4 Meine Schwester

Ich war sechs Jahre alt, als etwas ganz Neues und Spannendes in meinem Leben passierte: Ich bekam eine kleine Schwester!

Nachdem ich ein verwöhntes Einzelkind gewesen war, sollte ich nun meine Eltern mit einer Schwester teilen. Mag sein, dass mir das damals gewisse Probleme bereitete, davon habe ich heute nichts mehr in Erinnerung. Ich entsinne mich aber deutlich, wie gespannt ich war, dass sie – wie Mama mir gesagt hatte – aus dem dicken Bauch meiner Mutter kommen sollte. Ich weiß auch, dass ich gefragt hatte, wie sie da überhaupt reingekommen war, aber darauf bekam ich nur eine ausweichende Antwort. Man erzählte damals noch die Geschichte vom Storch.

Eines Morgens tat sich plötzlich etwas. Es klingelte an der Tür und draußen stand unser netter, alter Hausarzt. Voller Bangen fragte ich ihn, ob denn jemand krank bei uns sei. Aber da erschien schon eine ältere, Achtung gebietende Dame. Das war die Hebamme und die verjagte mich als erstes aus dem Schlafzimmer, in dem meine Mutter lag.

Das nächste, woran ich mich erinnern kann, ist, wie Mutter plötzlich laut schrie und ich weinte und große Angst bekam. Nach einer ganzen Weile hörte Mutter endlich auf zu schreien, und im nächsten Augenblick kam der Arzt in die Küche, wo ich mich im Besenschrank versteckt hatte, und rief mir beruhigend zu: „Du kannst wieder rauskommen, Poul, du hast eine kleine Schwester bekommen!“ Ich freute mich sehr, fragte aber ungläubig: „Heißt das, sie ist wirklich aus dem Bauch rausgekommen?“ Als der Arzt nickte, war ich enttäuscht: „Och, das wollte ich doch aber so gerne sehen!“ Danach eilte ich zu meiner Mutter, die mich stolz zu sich heranwinkte: „Komm her, Poul, und sag Hallo zu deiner neuen Spielkameradin!“ Ich beugte mich über die Wiege. Da lag sie nun und ich fragte: „Kann sie da bald raus und mit mir spielen?“

Ich hatte sie gleich gern, konnte aber nicht verstehen, warum sie so klein war. Wie gesagt, ich war damals sechs und ich denke heute, dass das alles meine eigenen Erinnerungen sind, aber vielleicht wurde mir das später auch nur erzählt.

Meine Schwester Grethe und ich hatten eine sehr schöne gemeinsame Kindheit. Einmal jedoch, als ich mit ihr spazieren ging, fiel sie mir aus dem Wagen. Ihr war nichts passiert, doch ich war erschrocken, lief zu meinem Vater, der ganz in der Nähe in einer Villa mit dem Konsul Karten spielte, und rief so laut ich konnte: „Papa, Schwesterherz kann laufen!“

Wir segelten gemeinsam, spielten Tennis und schauten uns die Dreharbeiten im Palladium an, wir führten ein behütetes Leben und hielten zusammen wie Pech und Schwefel. Sie sieht immer noch gut aus und spielt täglich eine Partie Tennis, obwohl sie vor Kurzem sechzig wurde.

Ich bin sehr dankbar, eine so liebe Schwester bekommen zu haben. Nur eines ärgert mich: Sie kann essen und essen – und das tut sie auch. Aber man sieht es ihr nicht an.

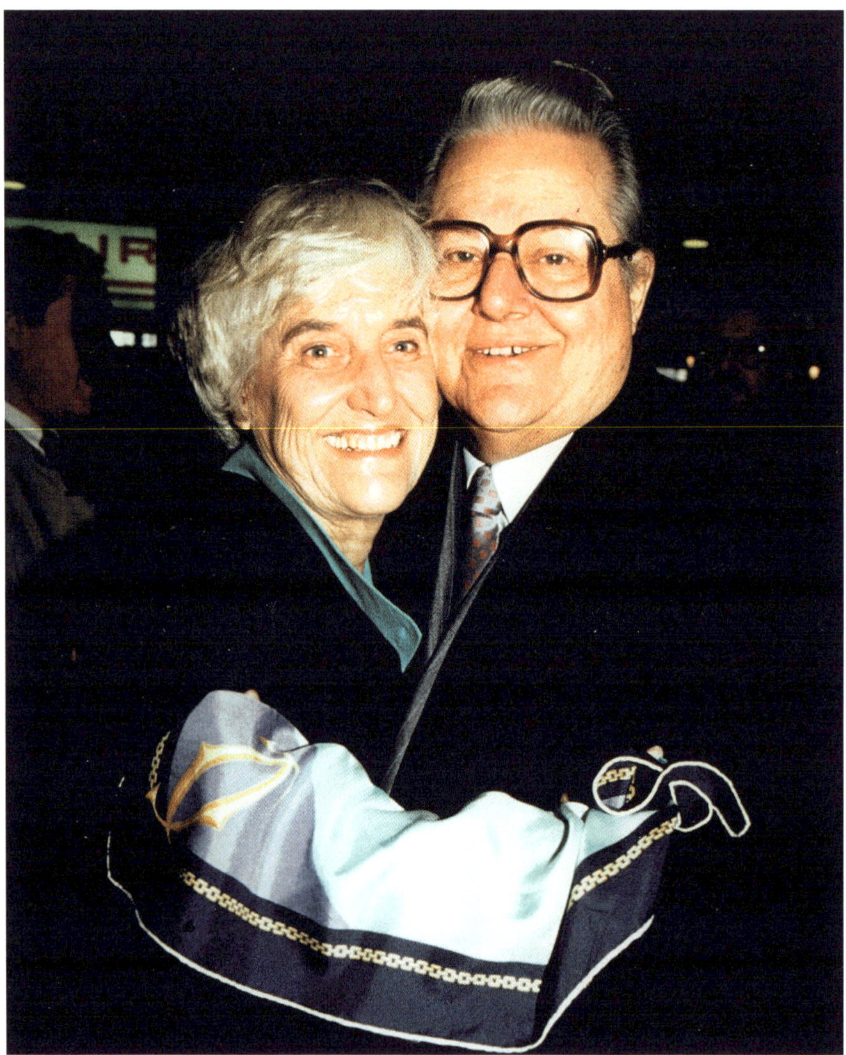

Unzertrennliche Geschwister.
(Foto: privat)

5 Schulzeit

So wie die Sonnenuhr nur die lichten Stunden zählt, so gestaltete sich meine Kindheit in Hellerup. Meine Eltern liebten sich und hatten für uns Kinder Liebe im Überfluss übrig. Wir wohnten schön, hatten keine finanziellen Probleme – wir lebten, lebten jeden einzelnen Tag.

Als ich sieben wurde, kam ich in die Schule. Ich hatte mich darauf gefreut und wurde nicht enttäuscht. Nie. Ich ging gern zur Schule, die ganze Zeit, bis ich sie elf Jahre später mit einem ganz ordentlichen Realabschluss verließ.

Ich ging in die kommunale Schule von Hellerup und hatte dort vier schöne Jahre. Doch dann zogen dunkle Wolken über uns auf. Die Dänische Milchkompagnie, in der mein Vater Verwalter war, wechselte den Eigentümer. Die neue Direktion erklärte meinem Vater, dass er gern in seiner Stellung verbleiben könne, aber nur noch zwei Drittel seines Lohnes bekäme. Das ließ er sich nicht bieten: Er kündigte, kam nach Hause, erzählte, was passiert war, und stand nun zum ersten Mal in seinem Leben ohne Arbeit da.

Um in seinem Beruf zu bleiben, nahm er ziemlich schnell einen Posten an, bei dem er mit dem Auto durch die Gegend fahren und Milch, Sahne, Eier und Butter verkaufen musste. Das war nun etwas ganz anderes als seine Arbeit als Verwalter, aber er verdiente einigermaßen und beschwerte sich nie. Leider bedeutete das jedoch, dass wir von Hellerup weg und in eine Dreiraumwohnung in Vesterbro unweit der Carlsberg-Brauerei ziehen mussten. Das war für uns alle ein großer Einschnitt. Besonders ich konnte mich nicht richtig damit abfinden, ich fühlte mich verraten. Ich kam in die Ny-Carlsberg-Weg-Schule, eine gute, moderne Schule. Aber: Wo war der Yachthafen, wo Palladium-Film, wo waren die Tennisplätze, all meine Freunde, wo war mein ganzes Leben hin? Ich benahm mich sicher ziemlich unmöglich, aber ich litt wirklich. Wir wohnten in einem großen Mietshaus mit über hundert Menschen. Und als ich mich das erste Mal zu den anderen Kindern auf den Hof wagte, sendete ich völlig falsche Signale aus, wie mir heute klar ist.

Wie es in unserem Feine-Leute-Viertel üblich gewesen war, trug ich modische kurze weiße Hosen und ein viel zu schickes Hemd. Als ich mich den Jungen näherte, hörte ich, wie einer sagte: „Passt mal auf, wie der sich gleich in sein Hemd machen wird!" Und schon haute er mir eine runter. Heulend lief ich zu meiner Mutter und schwor, nie, nie wieder zu diesen Rabauken rauszugehen. Für den Rest meines Lebens würde ich in der Stube bleiben und aus dem Fenster gucken.

Dazu kam es glücklicherweise nicht. Als mein Vater von der Arbeit zurück war und meine Klagen hörte, sagte er: „Ich hab dir zwar beigebracht, nie jemanden zu schlagen, aber dieses eine Mal musst du wieder raus und dem, der dich geschlagen hat, einen Klaps geben!"

Nur widerstrebend ging ich am anderen Tag in den Hof und bekam abermals von dem Jungen vom Vortag eine Ohrfeige. Diesmal schlug ich zurück. Es war zwar nicht mehr als ein Stoß gegen die Schulter, aber etwas Wunderbares geschah. Der Junge sagte nämlich: „Der ist verdammt nochmal in Ordnung!"

Viele Jahre später begriff ich, dass die Bekanntschaft mit beiden Milieus – Hellerup und Vesterbro – mit das Beste war, was mir passieren konnte. Das war sehr heilsam und hat mich für mein Leben geprägt.

Ich fand schnell neue Freunde, zu Hause auf dem Hof und in der Schule. Wir sind heute immer noch zehn alte Klassenkameraden, die Freundschaft halten und sich zweimal im Jahr treffen. Bald sind wir fünfzig Jahre aus der Schule raus. Das wird mit einem Besuch in unserer alten Schule gefeiert, worauf wir uns schon alle freuen. Das wird ein Fest!

Auch von uns Freunden im Christlichen Verein Junger Männer von Vesterbro halten ein paar immer noch Kontakt. Für mich sind Freunde sehr wichtig, sie sind ein großer und bedeutender Teil meines Lebens. Meine Frau und ich haben zu dem Zweck den kleinen schönen Verein „Neapel" gegründet. „Neapel" deshalb, weil das Ballett so hieß, in dem Kirsten am Königlichen Theater ihren Abschied nahm. Der Verein soll die Freunde und Freundschaften zusammenhalten. Sonst würde man es in unserem hektischen Alltag vielleicht gar nicht mehr schaffen, sich zu sehen. Nun treffen wir uns alle einmal im Monat und wechseln uns als Gastgeber ab. Das funktioniert mittlerweile schon viele Jahre und soll auch so bleiben, solange wir uns auf unserer alten, leidgeprüften, aber schönen Erde tummeln.

Meine Jugendjahre in Vesterbro waren gute Jahre für Grethe, unsere Eltern und mich. Eines Tages hatte ich plötzlich mein Abschlusszeugnis in der Hand – und nun? Ich weiß es noch wie heute. Ich lag nach überstandener Lungenentzündung im Bett. Die war schlimm gewesen, damals kannte man noch kein Penizillin. Da kam meine rüstige Großmutter zur Tür herein und verkündete: „Poul, ich habe einen alten Freund im Hauptstädtischen Konsumverband, der nimmt dich als Kaufmannslehrling."

Nachdem ich mir bereits etliche Wochen den Kopf zerbrochen hatte, was ich eigentlich werden wollte, erwiderte ich nun: „Na ja, Oma, das ist zwar nicht unbedingt das, was ich mir für mein Leben vorgestellt habe, aber warum nicht? Wenn es zu langweilig wird, höre ich eben auf."

Wir schrieben damals das Jahr 1939!

6 Krieg

Wir lebten in dem sicheren Glauben, dass es auf keinen Fall zu einem Krieg kommen würde.

Aber eines Morgens weckte uns ohrenbetäubender Lärm. Meine Mutter und ich liefen auf die Straße, und da kamen sie angedonnert, genau über unseren Köpfen: die großen deutschen Bomber! Das war ein Schock – schnell rein und das Radio an! Da hörten wir dann die schreckliche Nachricht, dass die Deutschen Dänemark besetzt hatten.

Nur wenige Minuten später begann meine Mutter, Hemden zu bügeln – vor lauter Aufregung. Kurz danach tauchte mein Vater auf. Man hatte ihn mit dem Maschinengewehr gezwungen, seinen Wagen zu wenden und nach Hause zu fahren. Er war außer sich und als er meine Mutter bügeln sah, drehte er völlig durch und schrie: „Du bügelst? In dieser Stunde der Wahrheit?! Die Welt geht unter – und du bügelst!"

So begannen für mich die fünf verfluchten Jahre! Ich fuhr zur Arbeit, wurde aber gleich nach Hause geschickt. Zu Hause war alles in Aufruhr. Vater hatte Verdunkelungsgardinen gekauft und war gerade dabei, sie aufzuhängen. Die finstere Zeit begann. Mutter war ebenfalls in der Stadt gewesen. Auf dem Küchentisch lag der herrlichste Krustenbraten, den man sich denken kann, eingerahmt von zwei wunderbaren Rotkohlköpfen. „Auch wenn Krieg ist, essen müssen wir ja!", sagte meine praktische und kluge Mutter. So gingen wir in den Krieg, wir vier von der Dannevirkestraße 27, aber mit der Zeit wurde der Schweinebraten natürlich knapp.

Fünf schwere Jahre begannen, aber niemals davor oder danach habe ich so einen Zusammenhalt unter den Dänen erlebt. Vergleichbares gab es erst wieder heutzutage, als unsere Fußballnationalmannschaft die ganze Welt besiegte – fast. So können die Jungen vielleicht verstehen, was ich mit Zusammenhalt meine.

Während des Volksstreiks gegen die deutsche Besetzung verkaufte mein Vater Eier und Butter an unserer Küchentür. Wir holten die Waren mit dem Fahrrad aus Vaters Molkerei und brachten sie vor der Nase der deutschen Wachtposten, die in der besetzten Alsgade-Schule standen, nach Hause. Ich war noch ein großer Junge und fand das eigentlich alles aufregend.

In den Kriegsjahren blühte das Familienleben auf wie nie zuvor. Man veranstaltete große Feste, selbst mit den kleinsten Mitteln, denn jeder brachte etwas mit. Was das war? Brot und dänischer Fruchtwein und vielleicht – wenn man mehrere Buttermarken hatte – ein wenig Butter. Das Schnapsbrennen war in Mode gekommen, man produzierte verschiedenste Sorten Likör. Nicht alle schmeckten gleich gut, aber sie wärmten und sorgten für gute Laune! Und wie gesagt: Das Wichtigste war die enge Freundschaft, der schöne Zusammenhalt. Wir würden „es den verdammten Deutschen schon zeigen", unsere Lebenslust und Lebensfreude konnten sie uns nicht nehmen.

In meiner Freizeit ging ich zur Volkshochschule, weil ich noch mehr Englisch lernen wollte. Unser Lehrer wurde später für meine Eltern und mich ein guter Freund. Und im Grunde war er es, der mich dazu brachte, meine Stimme ausbilden zu lassen. Er vermittelte mich an den Königlichen Kammersänger Marius Jacobsen, bei dem ich in den letzten Kriegsjahren mehrmals in der Woche Gesangsunterricht nahm.

Während des Krieges fuhr ich viel Rad, was ich mal hätte weitermachen sollen, dann würde ich vermutlich nicht so aussehen wie heute. Jeden Tag radelte ich nach der Arbeit bis Helsingør und zurück. So bekam die Lunge frische Luft und die Beine kräftige Muskeln, weshalb sie auch – nach Aussage mehrerer Ärzte – seither in der Lage waren, mein großes Gewicht zu tragen. Ich schaffte es immerhin bis zu den Rennen auf der Ordrup-Bahn und war auf den kurzen Strecken sogar recht gut. Da ich aber nicht auf die Bahn mit den langen Rennen gelangte, wurde daraus nicht viel mehr und meine Träume vom großen Radrennsportler haben sich nie erfüllt.

Als ich endlich einmal ein Wettrennen gewann, jubelte mein Vater. Das wirft sicher ordentlich was ab, dachte er und lud alle Leute um sich herum zum Bier ein. Aber die meisten hatten sich wohl gedacht, wenn er jetzt nicht gewinnt, gewinnt er nie, und hatten alle auf mich gesetzt, sodass der Gewinn im Endeffekt nur ein paar Kronen betrug. Es wurde ein teurer Spaß für meinen Vater, aber er war stolz, dass ich endlich gezeigt hatte, was ich konnte.

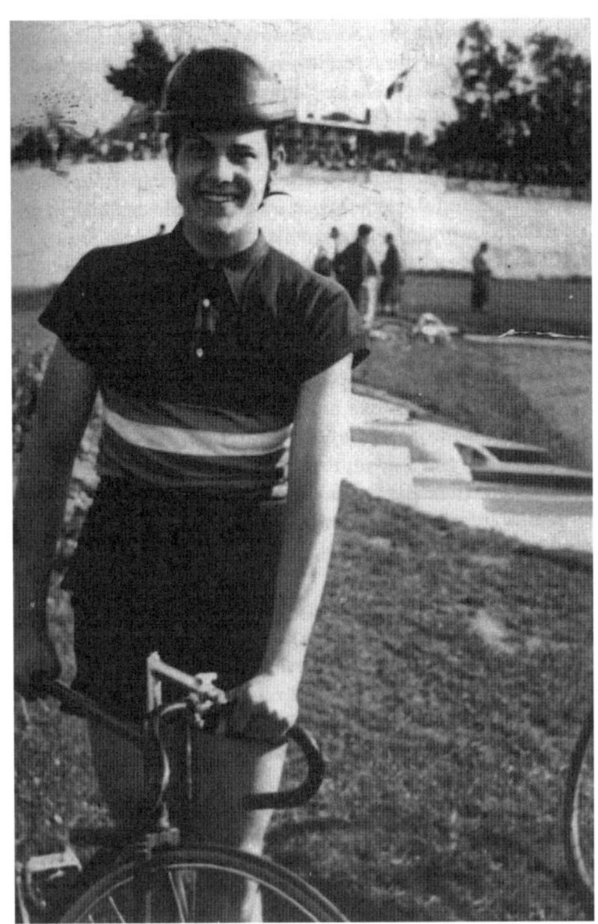

Der kurze Traum vom Radsportprofi. (Foto: privat)

Während des Krieges dachte ich auch, ich wäre ein guter Komponist. War ich aber nicht! Ich schrieb ein Lied mit dem Titel „Das Lied vom Frieden" und durfte es in der Kaufhalle Brugsen in der Vigerslev Allee, wo ich arbeitete, verkaufen. Ich bekam eine Krone pro Exemplar, genug, um mir davon viele Kinokarten kaufen zu können.

In unserem Sommerurlaub in Rødvig veranstaltete man einmal im Wirtshaus einen Amateurwettbewerb, an dem ich mit einem bekannten Lied in hausgemachtem Italienisch teilnahm. Es war – in aller Bescheidenheit gesagt – die Arie des Herzogs aus „Rigoletto", ein Lied, das ich später Angst hatte zu singen. Aber die Leute nahmen es freundlich auf und ich gewann zwölf dick belegte Brote. Das war meine erste Begegnung mit einem Publikum und ich hab es genossen – genau wie das Brot!

Ansonsten hatte ich meinen Platz in der Konsumgenossenschaft und liebte meinen Beruf.

7 Jugendliebe

Meine Jugendliebe war Eva Breining, ein schönes, fröhliches Mädchen. Wer die Fernsehsendung über mein Leben gesehen hat, wird sich erinnern, dass sie plötzlich in der Studiotür stand. Das war eine große Überraschung, denn wir hatten uns viele Jahre nicht gesehen. Sie war extra aus Holland angereist, wo sie seit vielen Jahren verheiratet war.

Während des Krieges waren wir – ja, ich glaube, damals nannten wir uns so – ein Liebespaar. Sie war Angestellte in einer Apotheke in Kopenhagen, das werde ich nie vergessen. Warum? Weil sie jede Woche eine kleine Menge neunzigprozentigen Feinspiritus kaufen konnte, und daraus brauten wir die ausgezeichnetsten Liköre, die man damals sonst nur schwer in die Finger bekam. Es war schön, sie nach so langer Zeit wiederzusehen. Sie war noch genauso wie damals, genauso lebhaft und natürlich. Nur ihre Haare hatten sich verändert, die waren jetzt schön weiß. Ich wage gar nicht daran zu denken, welchen Schock sie bei meinem Anblick bekommen haben muss. Ich meine, das waren jetzt rund hundert Pfund mehr Poul als damals.

Ich weiß noch, dass ich vor ihrem Vater immer ein wenig Angst hatte. Er war eigentlich ein humorvoller Mann, aber ein Polterer. Deshalb stand ich jedes Mal die schlimmsten Qualen aus, wenn ich mich in Evas Zimmer schlich. Wir haben uns ja nicht immer nur die Briefmarkensammlung angesehen, wenn Sie verstehen, was ich meine. Er war Champagnerimporteur und ich erinnere mich noch genau an den Tag, an dem ich meine Kaufmannslehre abschloss. Da sollte ich zu Evas Eltern kommen, um mit ihnen darauf anzustoßen. Ich hatte bis dahin noch nie Champagner getrunken und hab ordentlich gebechert. „Das schmeckt ja wie Brause", dachte ich. Das Ergebnis blieb nicht aus. Als ich mich ein paar Stunden später verabschiedete, hatte ich so richtig einen in der Krone. Für den Abend hatte ich zur Feier des Tages zwanzig Gäste eingeladen. Als ich nach Hause kam und meine Eltern sahen, in welchem Zustand ich war, und ich sie obendrein bat, das Fest absagen zu dürfen, redeten sie Fraktur mit mir. Ich überstand den Abend nur unter Höllenqualen, was zur Folge hatte, dass ich mich viele Jahre vom Alkohol fernhielt. Eigentlich war ich seitdem nie mehr betrunken, und so hatte der verdammte Kater dann doch noch sein Gutes.

Das Leben in der Dannevirkestraße ging für uns ohne größere Zwischenfälle weiter. Mit Freude verfolgten wir den „elastischen Rückzug“ der Deutschen an allen Fronten und eines schönen Tages schien die Sonne auf ein freies Dänemark.

Deutschland hatte den Krieg verloren und unsere kleine Familie jubelte gemeinsam mit dem Rest der Welt. Wir hatten die fünf Jahre der deutschen Besetzung gut überstanden. Andere leider nicht.

8 Nach dem Krieg

Es war, als hätte man ein neues Leben geschenkt bekommen. Jetzt konnte das Leben beginnen! Ich war ausgelernter Kaufmann, hatte ein paar Jahre als Kaufmannsgehilfe gearbeitet und hatte nun Lust, etwas anderes auszuprobieren.

Im letzten Kriegsjahr war ich Mitglied der Widerstandsbewegung geworden, ein winziges Glied in der Kette.

Nach dem Krieg wurde unsere Kompanie im Vestersøhus einquartiert, einem riesigen Komplex gleich neben dem Freiheitsdenkmal. Dort blieben wir ein paar Monate und hatten verschiedene Bewachungsaufgaben zu erfüllen. Dabei passten wir auch auf die vielen deutschen Flüchtlinge in den Schulen der Stadt auf. Das war eigentlich ein faules Leben, aber deprimierend, die vielen Flüchtlinge in ihrem Elend zu sehen. Wir hatten die Deutschen im Krieg zwar gehasst, aber bei dem Unglück dieser Menschen hörte mein Hass auf.

Dass man beim Freiheitskampf dabei war, hatte wohl mit den hohen Idealen der Jugend zu tun. Die sind mittlerweile etwas abgebröckelt, einige jedenfalls. Einmal im Jahr lege ich mit Kirsten und den Kindern im Gedenkhain in Ryvangen einem alten Freund Blumen aufs Grab. Wenn man dann so dasteht, fragt man sich immer wieder, ob es wirklich dieses Opfer wert war. Das weiß ich heute nicht mehr so genau.

Während wir im Vestersøhus lagen, wurden wir von der norwegischen Freiheitsbewegung zu einem Besuch nach Oslo eingeladen. Wir waren vierundzwanzig junge Leute, die sich auf den Weg machten – voller Vorfreude, die laut Søren Kierkegaard die größte sein soll. War sie diesmal aber nicht. Denn es sollte noch besser kommen. Als unser Zug in den Osloer Hauptbahnhof einlief, stand dort eine Ehrenkompanie und ein Orchester spielte die dänische Nationalhymne. Wir eilten hinaus, um zu sehen, wem so ein Empfang zuteilwurde. Niemand von uns hätte es sich auch nur träumen lassen, dass wir das waren. Das war ein wunderbares, unvergessliches Erlebnis. In den vierzehn Tagen, die wir Gäste der Stadt waren, wurden wir behandelt, als hätten wir den Krieg gewonnen. Wir waren glücklich, aber auch etwas beschämt.

Einmal verbreitete es sich wie ein Lauffeuer in unseren Reihen: Morgen sollen wir zur Audienz bei Kronprinz Olav. Am nächsten Tag waren wir auf dem Schlosshof aufmarschiert. Olav erschien und begrüßte jeden einzelnen von uns sehr freundlich. Als er zu mir kam, entdeckte ich zu meiner Verwunderung, dass der Kronprinz einen Fleck auf seinem Schlips hatte. Ich war ja damals so jung, dass ich mir nicht vorstellen konnte, dass eine königliche Person auch nur ein Mensch ist und einen Fleck auf dem Schlips haben konnte. Aber dadurch wirkte das Ganze etwas natürlicher.

Es war eine schöne Zeit und ich begann, die Norweger zu lieben – das tue ich noch heute. Damals erst begriff ich, wie schlecht es ihnen eigentlich gegangen war.

In Norwegen sang ich auch zum ersten Mal im Radio. Unsere norwegischen Gastgeber und wir Dänen waren zu einem Fest in einem großen Hotel der Stadt zusammengekommen. Mittendrin wurde ich zum norwegischen Radio gefahren, um dort ein paar Nummern zu singen, unter anderem das norwegische und das dänische Freiheitslied. Im Festsaal waren Radioapparate aufgestellt, sodass alle mithören konnten. Das war mein Debüt und ich war ein bisschen aufgeregt. Dabei wusste ich noch gar nicht, wie schwierig es wirklich werden sollte, öffentlich aufzutreten. Aber ich gab alles, was in mir steckte, und das war offenbar nicht wenig.

Eine der norwegischen Zeitungen hatte angekündigt, dass ein Däne aus der Widerstandsbewegung am 7. August im Radio singen würde. Am darauffolgenden Tag schrieben sie: „Der dänische Freiheitskämpfer war gestern auf einen Sprung im Kringkastingen, wo er dänische und norwegische Freiheitslieder sang. Er hatte eine sehr gute Stimme, und die Lieder waren schön.“

Ich war stolz auf die Kritik und kaufte fast die gesamte erste Auflage der Zeitung für die Freunde zu Hause auf. Ich erinnere mich auch, dass ich hundert Kronen für meinen Auftritt bekam. Wenn die gewusst hätten, dass ich das auch kostenlos gemacht hätte! Das Geld gab ich einem meiner norwegischen Kameraden und bat ihn, es für mich auf der Bank einzuzahlen. Später bekam ich auch ein Bankbuch mit der eingetragenen Summe. Das Buch ist längst verschwunden. Wie viel Geld wohl in all den Jahren daraus geworden sein mag?

In dem norwegischen Widerstandsblatt Milorg Posten gab es auch ein Interview mit mir:

„Wir haben mit einem der dänischen Widerstandskämpfer, Poul Bundgaard aus Kopenhagen, ein paar Worte gewechselt. Es war nicht leicht, etwas aus ihm herauszubekommen. Aber nachdem wir vertraut geworden waren, taute er auf. Er erzählte unter anderem, dass es, wenn man in Dänemark einen Sabotageakt ausführte, vorher immer hieß: Das muss in NORWEGISCHEM GEIST geschehen! Er bat uns, über Milorg Posten die gesamte norwegische Heimwehr zu grüßen und ihr auszurichten, dass sie in den Augen der Dänen die Nr. 1 unter den Freiheitskämpfern der Welt sind. Wir werden nie vergessen, wie wir in Norwegen empfangen wurden, ergänzte er. An allen Bahnhöfen standen Leute, um uns zu feiern. Überall gab es Hurra-Rufe und Ovationen. Wir spürten, dass wir willkommen waren. Das stand in eklatantem Gegensatz zu unserer Reise durch Schweden, fügte er hinzu. Dort waren wir ganz unbemerkt unterwegs, niemand interessierte sich für uns. Umso erfreulicher war es, über die Grenze zu kommen und bei den Norwegern zu sein, schloss er lächelnd."

Am Tag unserer Abreise konnte keiner von uns so richtig das Märchen begreifen, das wir gerade erlebt hatten. Wir Dänen, die bei dieser Reise dabei waren, werden immer wieder in der Erinnerung dahin zurückkehren.

Zum Schluss noch die Abschrift eines Briefes, den ich in der Milorg Posten veröffentlichen durfte:

„Liebes Norwegen, liebe norwegische Kameraden,
nachdem wir von dieser großartigen Norwegen-Reise zurückgekehrt und etwas zur Ruhe gekommen sind, haben wir Dänen nur den einen Wunsch: DANKE zu sagen! Danke für Euren Empfang, danke für Euer leuchtendes Wesen und Danke, dass Ihr das alles zu einem solch unvergesslichen Fest gemacht habt!

Wir haben gekämpft, sowohl Norwegen als auch Dänemark, wir haben uns Seite an Seite gegen die Schreckensherrschaft der Nazis aufgelehnt. Ihr sollt wissen, dass Ihr für uns immer ein Vorbild im Kampf gegen die Deutschen wart! Ihr seid ein wahres Brudervolk!

Der Dank richtet sich auch an all die lieben unbekannten Norweger, Euch, denen wir nicht begegnet sind. Dank an die Ehrenkompanie. Als die dänische Nationalhymne gespielt wurde, blieb kein einziges dänisches Auge trocken!"

Nach meiner Rückkehr aus Norwegen brauchte ich Arbeit. Und die ergab sich ganz zufällig. Einer meiner Freunde rief eines Tages an, um zu fragen, ob ich nicht so nett sein könnte, ihn am darauffolgenden Tag zum Vorsprechen für eine Revue zu begleiten. Das wollte ich natürlich gern, und so gingen wir hin. Vor seinem Auftritt sagte mein Freund im Scherz zu mir, man würde sicher mich statt seiner engagieren. Und richtig, kaum war er von der Bühne runter, als der Direktor mich fragte, ob ich denn ebenfalls singen könne. Ich gab ihm eine kleine Kostprobe, und er sagte: „Wann können Sie anfangen? Sie müssen in den nächsten Monaten einfach nur ein bisschen im Chor singen."

Ich war angenommen und erlebte schöne Monate. Als ich nach meiner ersten Vorstellung nach Hause kam, war meine Mutter erschrocken: „Wie siehst du denn bloß aus, mein lieber Junge?" Ich musste ihr erklären, dass man am Theater eben so aussah. Allerdings muss ich heute zugeben, dass ich sicher ein furchtbarer Anblick war. Zu wenig Schminke hatte ich jedenfalls nicht drauf.

Als die Revue beendet war, musste ich mir wieder etwas für meinen Lebensunterhalt suchen. Ich hatte die Arbeit als Ladenschwengel satt und nahm deshalb ein Angebot der Papierfirma H. Christensen & Søn an. Dort war ich ein paar Monate, fühlte mich wohl und war als Papiermann allmählich zur Ruhe gekommen. Ich vermisste die Theaterwelt, freute mich aber, dass ich sie einmal hatte erleben dürfen.

9 Nørrebro Theater

Da geschah es eines Morgens beim Zeitunglesen – das Zeichen, auf das ich heimlich gewartet hatte, war da: „Das Nørrebro Theater sucht männlichen Sänger – vorzugsweise Tenor – für die Mitwirkung im Chor des Theaters." Noch heute spüre ich die Hitze und die Röte, die in meine Wangen schoss. Da war es, das war das Zeichen – dass sich meine heimlichen Theaterträume erfüllen würden! Ich brachte mein Frühstück in Rekordzeit zu Ende, schwang mich aufs Rad und fuhr zur Arbeit. Nachdem ich dort eine halbe Stunde gewesen war, nahm ich all meinen Mut zusammen und fragte meinen Chef, ob ich ein paar Stunden freinehmen dürfe, ich hätte etwas Dringendes zu erledigen, rein privat. Er erlaubte es! Und wieder spurtete ich los mit dem Rad. Das war der 10. Oktober 1946, ein Tag, der für mich zu einem Gedenktag werden sollte.

Im Theater saß eine Handvoll junger Leute. Wir musterten uns alle heimlich. Dann war ich dran. Ich ging fast traumwandlerisch auf die Bühne und reichte dem Pianisten meine Noten. Es war der „Gøngemarchen" (*Göngemarsch*). Aus dem Zuschauerraum fragte man mich freundlich nach meinem Leben aus. Dann durfte ich endlich singen. Ich hab immer noch im Ohr, wie ausgetrocknet meine Stimme am Anfang vor lauter Aufregung klang, aber dann war sie gleich wieder da. „Vielen Dank", kam es von unten aus dem Saal, „Sie hören von uns." Wieder runter auf meinen Platz und warten, warten, warten. Ein junger Mann nach dem anderen kam zurück. Und dann hieß es weiter warten.

Endlich ging die Tür auf und ein netter älterer Herr sagte: „Wir danken Ihnen allen, aber (oh, dieses fürchterliche ‚Aber'!) wir brauchen nur einen Mann. Würden Sie (man war damals noch per Sie), würden Sie, Herr Poul Bundgaard, so freundlich sein und mit mir mitkommen?" Und ob ich wollte! Ich folgte ihm sehr höflich und überglücklich und fand mich bald auf der Bühne wieder. Dort gratulierte man mir zu meinem Platz im Chor und fragte: „Können Sie heute Abend anfangen?" Mir wurde schwindlig, das war eine wichtige Entscheidung. Ich sagte schnell ja und wir verabredeten, dass ich eine Stunde vor der Vorstellung im Theater sein sollte.

Nun musste ich in der Papierfirma kündigen, aber vorher wollte ich noch den Rat meiner Eltern hören. Ich stürzte nach Hause und hatte Glück, dass mein Vater gerade zum Mittagessen da war. In Windeseile erzählte ich, worum es ging, und fragte, ob ich das Papier zugunsten des Theaters aufgeben dürfe.

Einen Moment waren die beiden stumm, dann sagte mein Vater, indem er meine Mutter ansah: „Du weißt, mein Junge, dass das schon immer mein Traum war, das mit dem Theater, ich kann dich also gut verstehen. Aber die Arbeit, die du jetzt hast, kann eine lebenslange Stellung werden. Kann das Theater das auch?“ Was sollte ich anderes darauf antworten als: „Ja, das glaube ich“? Mein Vater sah meine Mutter lange an, dann nickte sie, und die Sache war entschieden. Überglücklich fuhr ich zum Großhändler zurück, der nun noch die letzte Hürde war. Der freundliche, kluge alte Mann nahm sich mit seinen Ratschlägen viel Zeit. Er sprach von meinem Gehalt bei ihm im Vergleich zur Gage am Theater. Dort hatte man mir nur ein Drittel dessen anbieten können, was ich bei ihm bekam. Er sprach eine halbe Stunde mit mir und sagte dann: „Also gut, aber kommen Sie nicht und sagen, ich hätte Ihnen nicht davon abgeraten!“ Er erlaubte mir also, die Firma vor der Zeit zu verlassen. Jetzt war der Weg frei, jetzt würde ich die Bühne erobern! Ich war vierundzwanzig.

Als es endlich Abend war und ich an meinem neuen Arbeitsplatz, DEM THEATER, beginnen sollte, war ich hellwach.

Nach zweiundvierzig Bühnenjahren gebe ich gern zu, ich hatte Schmetterlinge im Bauch. Gleichzeitig hatte ich Angst, ob es wirklich die richtige Wahl war. Wie würde es künftig weitergehen? Immerhin hatte ich einen guten und sicheren Platz aufgegeben. Und doch erfüllten mich jugendlicher Glaube und Optimismus, als ich mich um neunzehn Uhr im Theater zum Dienst meldete.

Ich fragte den Bühnenmeister, er wurde später ein guter Freund, wo mein Kostüm sei. Er sah mich kurz an, sagte „Kostüm? Guter Witz!“ und warf mir eine alte, rote Küchengardine zu. Ich bekam meinen Garderobenplatz zugewiesen und kurz darauf trafen die neuen Kollegen ein. Sie erbarmten sich meiner und zeigten mir, wie man sich schminkt. An Farbe sparten sie weiß Gott nicht dabei. Dann rief uns die Klingel zur Bühne, gleich sollte die Vorstellung beginnen.

Nicht weniger als vierundvierzig Leute aus meinem Familien- und Freundeskreis saßen im Zuschauerraum, um ihren Poul zu sehen. Und all diese Menschen fanden sich auch in den darauffolgenden Jahren immer zu meinen Premieren ein, das will ich hier nicht unerwähnt lassen.

Wir verteilten uns schnell auf unsere verschiedenen Bühnenpositionen. Ich hatte im Hintergrund zu sitzen und im Übrigen meinen Mund zu halten. An diesem Abend spielten wir „Styrmand Karlsens flammer“ (*Steuermann Karlsens Flammen*). Die Hauptrolle hatte mein großer Held, Poul Reichhardt (*in der Olsenbande u. a. Polizeichef, Knappe, Hafenwachmann*). Während ich gespannt auf den Beginn der Vorstellung wartete, sah ich aus den Augenwinkeln, wie Reichhardt schon hinter der Bühne bereitstand. Und dann hob sich der Vorhang für meinen ersten Auftritt. Ich hatte das Gefühl, alle sähen nur zu mir. Aber natürlich schaute mich nicht ein einziger an, außer den vierundvierzig. Ich stellte einen Blumenverkäufer in Port Said dar. Dann kam Reichhardt. Er sah, dass ein neuer Mann an den Töpfen saß und ließ sich die Gelegenheit für einen Scherz nicht entgehen. Als er an mir vorbeikam, flüsterte er mir zu: „Da hat man also einen Neuen auf ´n Pott gesetzt!" Ich errötete sicher bis zu den Haarwurzeln, war aber auch stolz, dass er mich angesprochen hatte. Das war meine erste Begegnung mit dem Mann, der später mein Freund werden sollte. Ich vermisse ihn.

Nachdem ich ein paar Wochen am Theater war, hatten wir mit der „Fledermaus" Premiere. Da ich in mehreren amerikanischen Filmen gesehen hatte, wie der Held des Stückes plötzlich krank wurde und ein junger Kollege seine Chance bekam, dachte ich: „Das wird hier genauso passieren." Optimist, der ich bin, lieh ich mir jeden Abend sämtliche Partituren und das ganze Souffleurbuch aus, um zu Hause zu lernen. Mit der Zeit beherrschte ich alle männlichen Rollen und war bereit für meine Chance. Und – auf einmal war sie da. Eines schönen Vormittags wurde das gesamte Personal einberufen, weil der Sänger des Dr. Falke krank geworden und außerstande war, am Abend zu spielen. Eine Zweitbesetzung hatte man nicht. Guter Rat war teuer.

Auf der Suche nach Ersatz wurde überall herumtelefoniert, sogar bis nach Schweden und Norwegen. Es fand sich niemand. Zum Glück. Kurz bevor man beschließen wollte, die Abendvorstellung abzusagen, wagte ich mich schüchtern vor und sagte, dass ich die Rolle spielen könne. Der Intendant wollte zunächst meinen Namen wissen und fragte dann leicht irritiert: „Weshalb denken Sie, dass Sie das Problem lösen können?" „Ich weiß, dass ich es kann!", erwiderte ich. Der Intendant verlangte, dass man umgehend ein Klavier auf die Bühne bringen solle. Danach sang ich alle Lieder von Dr. Falke. Der Intendant schwieg eine Weile und sagte dann: „In fünf Minuten ist Probe!" Wäre das heute gewesen, hätte ich es mich nicht getraut, aber damals wusste ich noch nicht, wie schwer alles eigentlich ist.

Der Abend war da, das Publikum informiert. Ich guckte durch das Loch im Vorhang und richtig: Da saßen meine Eltern und die anderen zweiundvierzig. Mutter hatte ganz rote Wangen. Der Vorhang ging auf und ich, der sonst nur eine kleine Rolle als Postbote spielte, war bereit, mein Talent unter Beweis zu stellen. Mein Stichwort fiel, ich ging auf die Bühne. Ich hatte das Glück, dass ich gleich mit Poul Reichhardt einen Walzer zu tanzen hatte. Jedes Mal, wenn er mit dem Rücken zum Zuschauerraum gewandt war, flüsterte er: „Lächeln, verdammt, lächeln!"

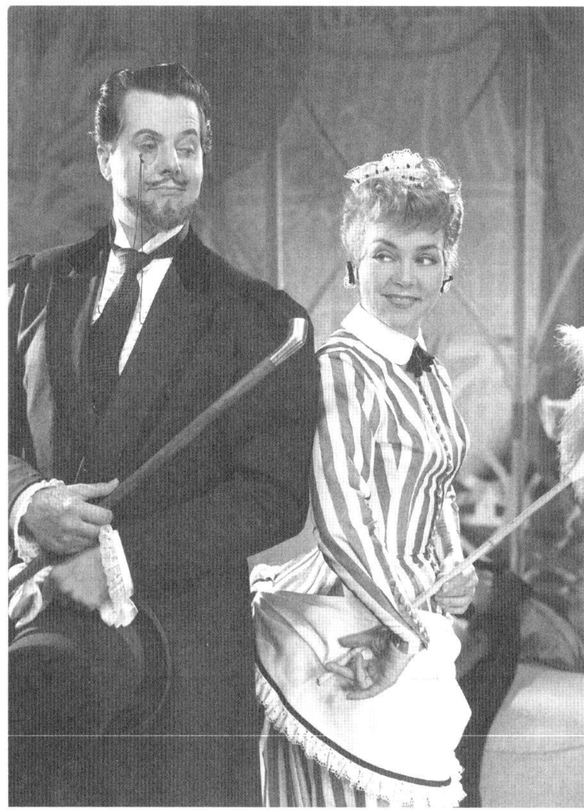

Als Dr. Falke in „Die Fledermaus" an der Seite von Gerda Gilboe. (Foto: Teatermuseet i Hofteatret, Kopenhagen)

Je mehr der Abend voranschritt, desto mehr fiel die Nervosität von allen ab – auch von mir – und im Theater herrschte wieder die gewohnte Atmosphäre. Am Ende der Vorstellung reagierten die Zuschauer sehr freundlich, sie erhoben sich und klatschten. Ich war im siebten Himmel, und als ich zu meinen Eltern sah, heulten sie beide wie die Schlosshunde. Diesen Abend haben wir nie vergessen.

Am nächsten Tag kamen etliche Telegramme für mich – und die Familie war selig. Über ein Telegramm musste ich lachen. Die Vorgeschichte ist, dass ich als Lehrling in der Hauptstädtischen Konsumgenossenschaft im Kirkegårdsvej in Amager gern mal eine kleine Verschnaufpause gemacht hatte, was sich am besten machen ließ, wenn ich im Keller leere Flaschen sortierte. Ab und an sang ich dabei, und da man das bis oben im Geschäft hören konnte, rief unser leitender Handlungsgehilfe dann jedes Mal: „Halt die Klappe, Bundgaard!" Von ihm kam nun besagtes Telegramm und darin stand: „Lieber Bundgaard, herzliche Glückwünsche. Stopp. Sieh mir nach, dass ich das wusste! Viele Grüße an den Caruso von Amager, Dein alter Kollege Willy Petersen."

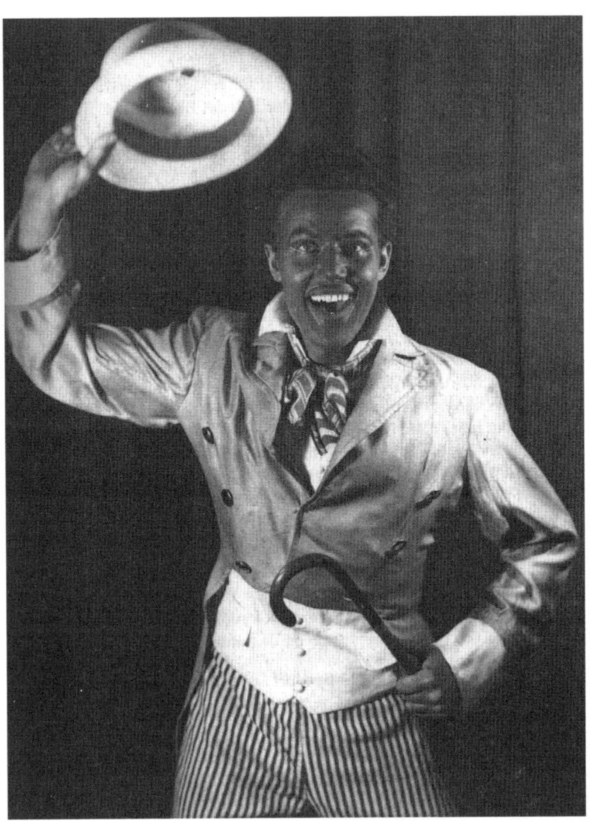

Die Hauptrolle in „Onkel Toms Hütte“. (Foto: Teatermuseet i Hofteatret, Kopenhagen)

Als „Die Fledermaus“ abgespielt war, inszenierte man die Operette „Onkel Toms Hütte“. Darin hatte ich eine kleine Solo-Gesangsnummer, was mich sehr freute. Die Hauptrolle spielte Poul Reichhardt. Wieder nahm ich Noten und Texte mit nach Hause – man konnte ja nie wissen. Zum Glück wurde Poul Reichhardt nicht krank, sollte aber nach Oslo und die Hauptpartie in „Die lustige Witwe“ singen. Obwohl es ein großer Part in „Onkel Toms Hütte“ war, beschloss man wieder, mich zu testen, und ich bekam die Rolle. Sie passte genau zu mir, denn ich sollte einen jungen Schwarzen spielen, der gewissermaßen über seine eigenen Beine stolperte – da kam mir meine eigene Unerfahrenheit zugute. Wieder hatte ich Glück und bekam gute Kritiken. Bevor Poul nach Oslo fuhr, ging er mit mir tagelang die Rolle durch. Das habe ich ihm nie vergessen, das zeigt, welch ein guter Mensch er war. Ich verdanke ihm sehr viel. Wir wurden Freunde und blieben es bis zu seinem Tod. Nun ist er leider fort. Ich vermisse ihn und sein Lachen.

Poul hielt gerne Reden und war auch ein begnadeter Redner. Wenn ich anwesend war, brachte er immer die Geschichte, wie wir uns kennengelernt hatten: „Ja, das war also im Nørrebro Theater. Er bekam meine Rolle und meine Garderobe. Und als ich aus Norwegen zurück war, na, was glaubt Ihr? Da hatte sich der Bursche doch in der Zwischenzeit so gut gemacht, dass er meine Garderobe gleich ganz übernahm! Nun kann ich mich ja freuen, dass ich mittlerweile eine ganze Menge Schallplatten verkauft habe. Aber, was glaubt Ihr? Fängt das ‚Tier' nicht auch dort noch an, mir ins Handwerk zu pfuschen?! Und schwupps schleicht er sich dann auch noch beim Film ein – und hat sogar Erfolg! Was blieb mir anderes übrig, als mich am Königlichen Theater engagieren zu lassen. Dort würde er mir jedenfalls nicht in die Quere kommen. Und nun frage ich Euch, was denkt Ihr? Haltet Ihr ihn für einen anständigen Mann, diesen Poul Bundgaard? Nein! Denn was tat er? Richtig! Da hat er es auch noch ans Königliche Theater geschafft. Ich gebe zu, an diesem Tag habe ich geweint!" Er durfte über mich sagen, was er wollte, das wusste er.

Wir machten einmal zusammen eine Radrundfahrt durch Dänemark, so sah es jedenfalls nach außen hin aus. Das war während der Sommertournee des Königlichen Theaters. Bevor es losging, hatte sich Poul in den Kopf gesetzt, mich bei dieser Tournee von allem Naschwerk und sonstigen Dickmachern fernzuhalten. Außerdem nahmen wir unsere Fahrräder mit, hinten am Wagen befestigt.

Der Plan war, dass die jungen Leute aus unserer Truppe unsere Autos und wir beide die ganze Tournee quer durchs Land mit dem Rad fahren sollten. Das ging auch zwei Tage lang gut, aber dann bat ich um Gnade! Und Poul erbarmte sich meiner – das kam ihm wahrscheinlich entgegen. Wir stiegen also wieder aufs Auto um.

Da die Presse schon einiges über unseren Mut geschrieben hatte, wollten wir nun nicht klein beigeben. Deshalb hielten wir vor dem jeweils nächsten Auftrittsort kurz an, setzten uns aufs Rad und strampelten dann „müde" ins Hotel. Der Trick funktionierte, auch wenn wir uns dafür ein bisschen schämten. Wie groß war aber Pouls Erstaunen, als wir uns nach der Tournee wogen und er – oh Schreck – ein Kilo zugenommen hatte, wogegen ich anderthalb Kilo leichter geworden war. Schon dieses bisschen Radfahren hatte mir geholfen.

Apropos Poul Reichhardt, erlauben Sie mir, liebe Leserinnen und Leser, der Zeit ein wenig vorzugreifen. Wir hatten nach dieser Tournee viele schöne gemeinsame Jahre, sowohl am Theater und im Film als auch privat. Dann wurde er plötzlich krank, erholte sich aber einigermaßen. Nach seinem Klinikaufenthalt kam er in die Reha und in ein Pflegeheim. Dort wollte dieser stolze Mann unter keinen Umständen Besuch haben,

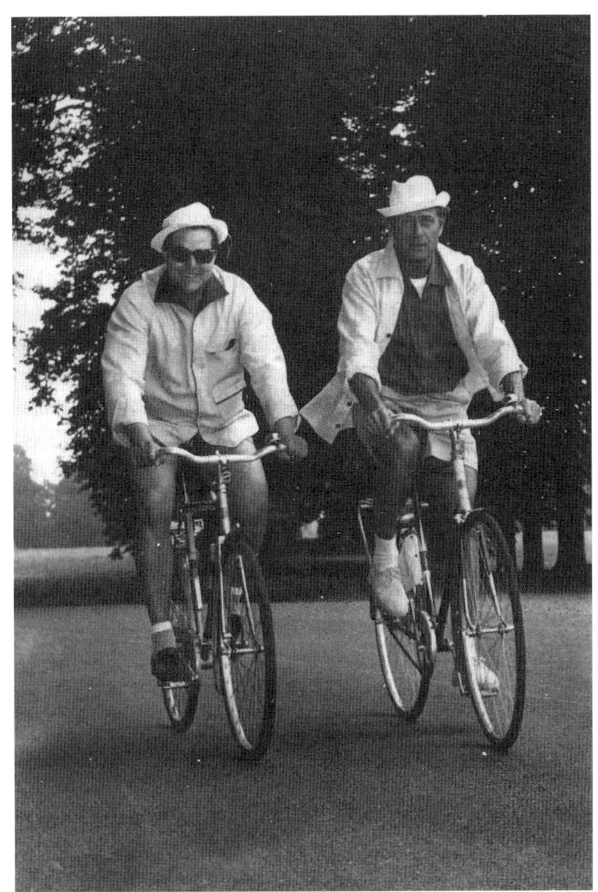

„Mit dem Rad" auf Theatertournee. Eine kleine Schummelei gemeinsam mit Poul Reichhardt. (Foto: privat)

hatte er durch seine Kinder verlauten lassen – er wollte kein Mitleid. An dieser Auskunft hatte ich einige Zeit zu knabbern, wollte aber trotzdem einen Versuch wagen. Gewappnet mit einer Flasche Whisky – ich hatte mich vorher vergewissert, dass er ihn trinken durfte – klopfte ich an seine Tür. Als ich eintrat, musterte er mich streng: „Du weißt doch sicher, dass ich hier niemanden haben will, aber nun komm schon rein, mein Junge, wie ich sehe, hast du Kuchen mitgebracht!" Mit dem „Kuchen" meinte er natürlich den Whisky. Nach ein paar Gläsern plauderten wir so gemütlich wie in den guten alten Zeiten. Es schmerzte mich, den sonst so gesunden, stattlichen Mann nun so dasitzen zu sehen, er war ganz klein geworden, fand ich, und auch seine Stimme hatte sich verändert. Aber ich glaube, es tat ihm gut, zu reden und mit einem alten Freund in Erinnerungen einzutauchen.

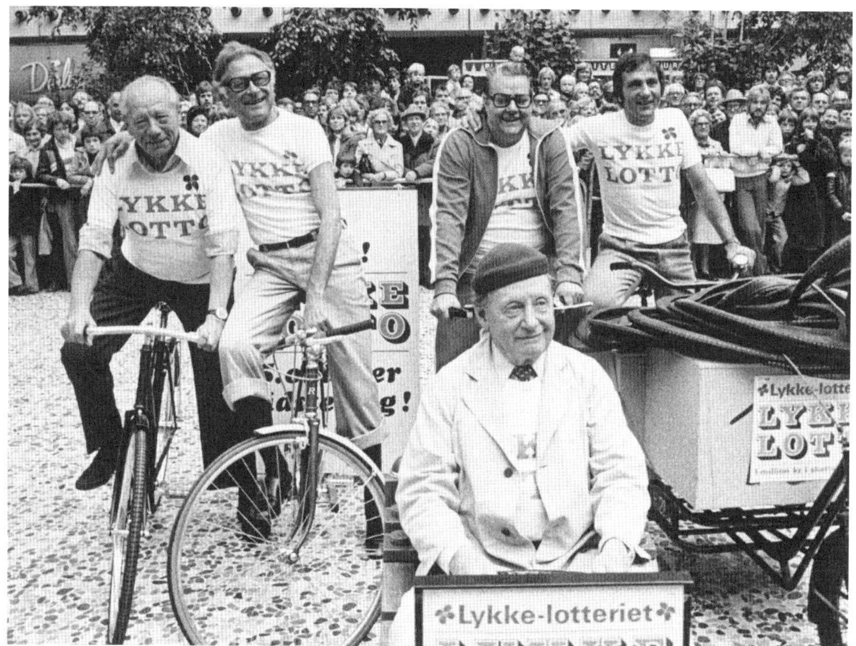

Beim „Glückslotto“ mit Kollegen wie Poul Reichhardt und Arthur Jensen. (Foto: POLFOTO)

Er kam dann nach Hause und hatte wieder so viel Kraft, dass er allein zurechtkam. Er war jetzt mit einem Rollstuhl in der Stadt unterwegs und ich freute mich, wenn ich ihn sah. Wir trafen uns zum Beispiel beim „Glückslotto“, bei dem er Ehrenpräsident war, ein Posten, den ich später von ihm übernahm.

Das letzte Mal sah ich ihn an seinem Geburtstag in seinem Haus in Charlottenlund. Wir waren alle zahlreich erschienen, Freunde und Familie. Die Atmosphäre war etwas gezwungen, aber Poul saß ruhig auf seinem Stuhl und war ein schöner Mittelpunkt. Ich hatte zu Hause eine Rede vorbereitet, mit der ich ihn zum Lachen bringen und ihm gleichzeitig für unsere Freundschaft und all seine Hilfe danken wollte. Aber ich traute mich nicht anzufangen, die Stimmung war noch nicht nach lustigen Reden. Doch die anderen ermutigten mich, und so konnte ich nun alles loswerden, was ich auf dem Herzen hatte. Poul lebte richtig auf und hielt zum letzten Mal seine Standardrede über mich und für mich. Wie sehr haben wir das genossen, wir beide. Das wurde mein Abschied von einem großen Künstler und großen Menschen.

10 Erste Schritte als Schauspieler

Nach meinem Debüt zeichnete sich meine Zukunft zweifelsohne besser ab. Ich hatte gezeigt, dass man mich am Theater einsetzen konnte, und machte nun ernst. Ich nahm Gesangs- und Sprechunterricht und lernte fechten. Mein Tag war ausgefüllt, ich genoss das Leben.

1947 verließ ich den Chor und wurde als Schauspieler am Theater engagiert. In den beiden darauffolgenden Jahren spielte ich verschiedene kleine Rollen und musste gleichzeitig als Zweitbesetzung zur Verfügung stehen. Es war eine schöne und lehrreiche Zeit. 1948 nahm man mich nach und nach in das Repertoire auf. Der junge Bundgaard hatte wunderbare Kollegen und bekam schmeichelhafte Kritiken.

Unvergesslich die launige Parole unseres namhaften Choreographen, die er in jedem Stück an die Mitwirkenden ausgab: „Respekt vor dem Scheiß!" Und den hatte man, damals.

Jeden Abend fuhr ich mit der Straßenbahn Linie drei ins Theater. Unterwegs wartete mein Kollege Schiøler Linck an einer Haltestelle und ich sprang hinaus, um ihm in den Wagen zu helfen. Er war ein überaus amüsanter Mann. Ich erinnere mich an einen herrlichen Abend, den er uns zusammen mit Poul Reichhardt bei der „Fledermaus" bereitete. Die beiden hatten sich schon lange einen Spaß daraus gemacht, sich auf der Bühne gegenseitig Fusseln vom Anzug zu zupfen.

Eines Tages nahm Poul fürchterliche Rache und legte sich auf sein Jackenrevers deutlich sichtbar einen kleinen weißen Faden. Das verfing natürlich sofort bei Schiøler. Er ging zu Poul und zog am Faden. Damit hatte Poul auch gerechnet, er sagte also zu Schiøler: „Warten Sie, ich helfe Ihnen!" Und dann zog er und es kam immer mehr Garn heraus. Er wickelte es um seinen linken Ellbogen, und je größer die Rolle wurde, desto mehr schüttelte sich Schiøler vor Lachen. Dann ging Poul weg, kam mit einem Stuhl zurück, setzte Schiøler mitten auf die Bühne, drückte ihm die restliche Garnrolle in die Hand und ging wieder hinaus. Da saß Schiøler nun halb erstickt vor Lachen allein auf der Bühne und hinter den Kulissen stand Poul und machte ihn vor den Leuten zum Affen. Die Zuschauer verstanden die Nummer und klatschten begeistert. Poul kam wieder herein, baute sich genau vor Schiøler auf und nahm den Beifall entgegen. Es war wunderbar.

Und noch eine hübsche Geschichte, die mir auf einer Tournee widerfuhr: Die schöne Ulla aus dem Ballett hatte ihre niedliche Tochter dabei. Eines Vormittags kommt die Kleine ins Restaurant, in dem der Hotelbesitzer gerade mit einigen städtischen Honoratioren bei einer Flasche Whisky sitzt. Da fragt sie der Wirt, wo denn ihre Mutter sei, und sie antwortet laut und deutlich: „Mama ist gerade in das Zimmer von Poul Bundgaard, sie wollten über das Theater reden. Sie hatte ihr Kopfkissen unter dem Arm!“ Tja, Kinder!

11 Operettenleben

In der Spielzeit 1949 führten wir eine neue dänische Operette auf: „Gadeprinsessen" (*Straßenprinzessin*). Einer meiner Partner war Buster Larsen (*Koch in „Die Olsenbande sieht rot"*). Buster und ich teilten uns am Nørrebro Theater mehrere Jahre eine Garderobe. Wir passen gut zueinander. Wir können zusammen lachen und zusammen ernst sein. Er ist ein guter Kamerad.

Nach den Operetten kam das amerikanische Musical nach Dänemark. Jetzt standen nicht mehr Grafen und Gräfinnen auf der Bühne, nein, jetzt handelte die Geschichte von ganz gewöhnlichen Leuten. Das erste Musical war „Oklahoma", und darin spielten Grethe Thordal und ich in den Nebenrollen ein Paar.

Bei der Premiere kam es zu einem kleinen Missgeschick, für das ich buchstäblich den Kopf hinhalten musste. Grethe sollte mir im ersten Akt eine Ohrfeige verpassen. Das hatten wir natürlich lange und gründlich geprobt, aber nun haute sie mir mit ihrem ganzen jütländischen Temperament so eine runter, dass mir für den Rest des Abends der Schädel brummte. Das war nicht komisch, schon gar nicht am Premierenabend.

Dann hatten wir mit „Showboat" Premiere. Das Theater hatte einen neuen Intendanten bekommen. Der war ein stattlicher Mann, der das Theater liebte, aber wohl doch vor allem Buchhalter war.

Mich unterstützte er sehr, und ich schulde ihm großen Dank, unter anderem, weil er mir die Hauptrolle in „Annie Get Your Gun" gab. Aber davon später.

Kapellmeister im „Showboat" war der junge Bruno Jubelsky, mit dem ich später die Schallplattenfirma „Melodie" gründete. Als unser Plattenverkauf richtig gut anlief, hatten wir leider dennoch immer noch nicht genügend Kapital, um unseren hohen Kredit pünktlich zurückzahlen zu können, weshalb wir aufgeben mussten. Im selben Haus wie wir fing ein junger Musiker als Plattenmann an. Seine Gesellschaft hieß „Metronom". Ja, das war Bent Fabricius Bjerre, unser Olsenbanden-Komponist, ein vergnüglicher, geselliger Mann.

In „Showboat" hatte ich nur eine kleine Rolle, durfte aber auf der Bühne Klavier spielen und ein kleines Orchester dirigieren, was ich sehr genossen habe.

Zum Jahr 1949 gehört auch, dass meine Kollegin Hedvig Volmer und ich nach viel Radioarbeit und vielen Auftritten im ganzen Land schließlich noch ein attraktives Angebot aus Kairo bekamen. Man bot uns 120 000 Kronen für eine Saison an, das ist selbst unter heutigen Verhältnissen viel Geld und war damals war eine große Versuchung. Aber wir blieben in Dänemark. Hier ging es uns gut.

12 Erste Hauptrolle

In „Annie Get Your Gun“ bekam ich endlich die erste Hauptrolle, die gleich von Anfang an meine war. Grethe Thordal hatte in der Titelrolle überwältigenden Erfolg, ihren bisher größten, und sie war auch wirklich großartig als Annie.

Ich spielte Frank Butler, einen Meisterschützen, den sie in dem Stück um seinen Mut und sein Talent zum Schießen bringt. Die Vorstellung lief zwei Jahre und sorgte bis zuletzt für volle Häuser. Auch über mich schrieb man sehr nett: „Er sah gut aus und sang und spielte gut.“

Aber es war wohl doch eher Grethe, deretwegen man ins Theater kam. Sie war in London gewesen, um sich das Stück dort vorher anzusehen, und als sie wieder zurück war, wurde sie von einer großen Kopenhagener Tageszeitung interviewt. Es war ein paar Tage vor unserer Premiere und sie sagte so etwas wie: „Also, wenn ich die Augen zumache und an den Sänger in London denke, wird es schon gehen.“ Daraufhin kehrte ihr das ganze Ensemble am Premierenabend den Rücken. Heute tut es mir leid: Sie kann ja falsch interpretiert worden sein, oder sie fand das witzig. Aber ich gebe zu, mir tat es damals sehr weh, das zu lesen. Doch die Zeit heilt alle Wunden und heute sind wir gute Freunde.

Ich kann hier noch anfügen, dass der Autor des Stückes in der Vorstellung war und mir danach ein äußerst schmeichelhaftes Angebot machte. Er hatte in New York einige Theater unter sich und bot mir 500 Dollar pro Woche an, wenn ich bei ihm auftreten würde. Außerdem hätte ich einen Cadillac zu meiner Verfügung, sobald ich den Fuß auf amerikanischen Boden setzte. Damals besaß ich nur ein Fahrrad. Das war also sehr verlockend, aber mir ging es in Dänemark gut und ich wusste, dass es noch zu früh wäre, um in dem großen Land auf eigenen Beinen zu stehen.

Stattdessen synchronisierte ich bei uns den Prinzen in Disneys „Aschenputtel“. Ich machte so etwas zum ersten Mal und fand es ausgesprochen faszinierend.

Und schließlich durfte ich in einer Aufführung für Schülerinnen und Schüler am Neuen Theater in dem schönen Stück „Sechs Kameraden“ mitwirken. Der Leiter der Schüleraufführungen hatte immer dasselbe Begrüßungsritual: Er kam auf die Bühne, die Gespräche verebbten und dann sagte er: „Wenn ich dieses Buch hochhalte, muss es ganz still sein, und ihr da oben auf den Rängen, seid vorsichtig mit eurer Brause!“ Er sprach „Brause“ mit hartem „s“ aus.

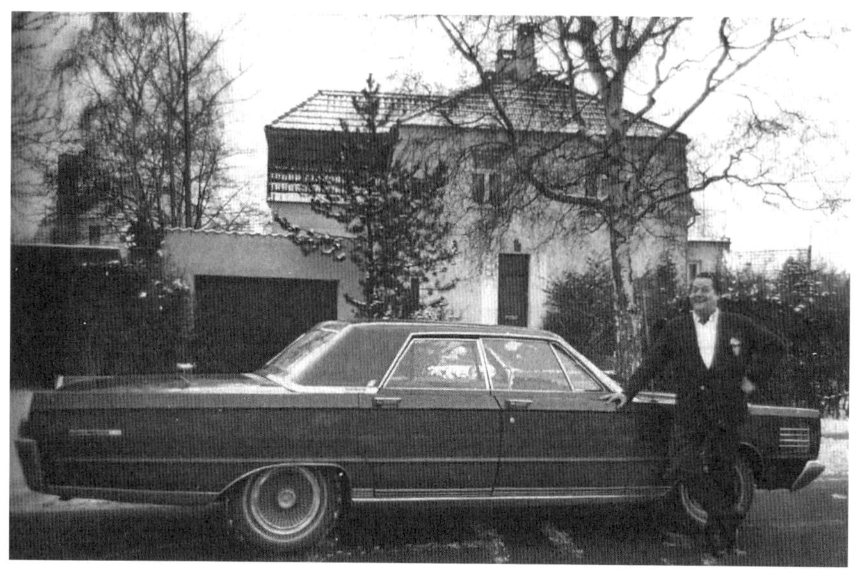

Wie verlockend das Angebot aus New York für Poul Bundgaard gewesen sein muss, kann man erst richtig ermessen, wenn man weiß, dass er zeitlebens große amerikanische Autos fuhr, einmal sogar, wie Henning Bahs staunte, eines mit Scheinwerfern, die beim Fahren wippten. Nur zwischendurch und am Schluss verirrte sich mal ein Jaguar oder ein BMW in Pouls Fuhrpark.
(Foto: Olaf Kjelstrup)

Nach ein paar Vorstellungen nahm der Regisseur mich zur Seite und sagte: „Die Kinder sollen zwar lachen, Poul, aber sich nicht in die Hosen machen!" Ich hatte zu dick aufgetragen, was er mir auf diese Weise freundlich zu verstehen gab.

Das war beruflich bei mir los. Aber auch privat passierte Entscheidendes. Ich lernte ein hübsches und liebenswertes Mädchen kennen, Bente Kjær.

Was wirklich beruflich los war, stand in den Schlagzeilen der Zeitungen. Aus dem singenden Handelsgehilfen ist ein Operettenheld geworden. Und ein Frauenschwarm dazu. Die Damen drängelten an der Theaterkasse und warteten Abend für Abend am Bühneneingang auf einen Blick von ihm. Aber er hatte nur Augen für eine.

13 Liebe und Hochzeit

Es war einmal ein reizendes Mädchen von siebzehn Jahren, das eines Abends ins Nørrebro Theater kam, um sich „Annie Get Your Gun" anzusehen.

Während der Vorstellung starrte ich nicht ständig ins Publikum, aber davor gucke ich wie alle anderen durch das kleine Loch im Vorhang, um zu sehen, ob ich jemanden kenne. Das tat ich auch an besagtem Abend – und da saß es, dieses schöne Mädchen, mitten in der vierten Reihe. Sie fiel mir auf und im Laufe der Vorstellung schien es, als ob auch sie ein Auge auf mich geworfen hätte. Nun muss ich dazu sagen, dass immer etliche Mädchen am Bühneneingang auf uns warteten. Ich schminkte mich also schnell ab, sprang in meine Klamotten und stürzte zum Tor hinaus. Da standen auch wieder jede Menge junger Mädchen, aber nicht sie. Am nächsten Abend saß sie wieder auf demselben Platz. Sie ließ mir keine Ruhe. Wer war dieses schöne Mädchen? Aber nein, auch diesmal wartete sie nicht vor dem Tor. Na, dann konnte es mir auch egal sein. Das war´s dann mit ihr.

Poul Bundgaard hatte viel Arbeit und damit Ablenkung genug. Auch in der Werbung war er gefragt. Einmal dachte er, es ginge um Zahncreme und schenkte dem Kameramann sein schönstes Lächeln. Als der Spot dann in den Kinos lief, fand er sich in einer Reklame für Zahnprothesen wieder. Danach waren einige Theaterzuschauer in Sorge, Poul Bundgaard würde beim Singen sein Gebiss verlieren, weshalb der Intendant kurzentschlossen ein Plakat vor dem Eingang aufstellte: „Poul Bundgaards Zähne sind echt!"
Genau in diese Zeit fiel sein zufälliges Wiedersehen mit dem ersehnten Mädchen.

Eines Nachmittags machte ich einen Spaziergang durch den Tiergarten und wollte mit der Bahn nach Hause. Und wer saß dort am Schalter und verkaufte Fahrkarten? Das Mädchen aus der vierten Reihe. Ich ließ all meinen Charme spielen. Ich hatte gerade mein erstes Auto gekauft, ein altes Modell mit einem Holzlenkrad. Ich liebte es und war sehr stolz. Irgendwie gelang es mir, das Gespräch auf Autos zu bringen. Danach war es nicht mehr so schwer zu fragen, ob ich das Vergnügen haben dürfe, sie nach Feierabend zu einer Spritztour einzuladen. Aber sie lehnte ab: „Nein danke, ich laufe lieber." Sie fügte jedoch schnell hinzu, dass sie morgen frei hätte, also vielleicht. Wir verabredeten Zeit und Ort, ich stieg erleichtert und glücklich in die S-Bahn und fuhr nach Hause. Am nächsten Tag fand ich mich am verabredeten Ort ein und wartete auf die Dame. Das Auto war frisch gewaschen – und ich auch.

Ich wusste nichts über das Mädchen, das ich treffen sollte, außer dass es gut aussah. Dass es mein künftiges Leben prägen würde, konnte ich natürlich nicht ahnen, und ich wusste zum Glück auch noch nicht, dass es jeden Morgen in einer vornehmen Limousine von einem Chauffeur zu ihrer Arbeit gebracht wurde.

„Guten Tag, mein Herr", erklang es plötzlich hinter mir, und da stand sie. Ich beeilte mich aus dem Wagen und öffnete ihr die Tür. Ja, das machte man damals so und machte es gern, man war gern zu den Frauen galant. Das haben Teile der Frauenbewegung ja nun zunichte gemacht. Dabei ist es doch schön, die Mädchen und vor allem natürlich die Auserwählte zu verwöhnen. Auch auf diese Weise kann man ihnen zeigen, wie sehr man sie mag und respektiert. Zum Glück bin ich so alt, dass ich diese Gewohnheit nicht abgelegt habe.

Ich half ihr also beim Einsteigen und dann begann ein Ausflug, der uns zu zwölf schönen gemeinsamen Jahren führen sollte. Das konnten wir natürlich nicht wissen, wir fuhren einfach fröhlich ins Leben hinaus. Ich wollte sie unbedingt gleich meinen Eltern vorstellen und fuhr mit ihr nach Hause. Neben Kuchen und Kaffee hatten wir vor allem ein gutes Gespräch. Auch wenn sie nicht gern über ihr Privatleben sprach, wie sie sagte, erfuhren wir zumindest, dass sie in Rungsted wohnte. Nachdem wir ein paar nette Stunden verbracht hatten, fuhr ich sie zum Hauptbahnhof, von wo sie mit dem Zug nach Hause weiter wollte. Ich war ganz aufgewühlt, begleitete sie höflich bis zum Bahnsteig und winkte sogar zum Abschied.

Das war der Auftakt zu vielen schönen Begegnungen und ich mochte sie immer mehr, und ihr muss es mit mir genauso gegangen sein, denn eines Tages lud sie mich zu ihrer Mutter ein. Na bitte, ein Fortschritt. Sie sagte, ich solle den Wagen stehen lassen, man würde mich abholen. Diesen Tag werde ich nie vergessen. Ich stand gerade am Fenster und sah auf die Straße, als plötzlich ein riesiger Straßenkreuzer vor unserem Haus vorfuhr. Mein Vater, der neben mir stand, war ganz verdattert: „Unmöglich, Poul! Vergiss nicht, nur gleich und gleich gesellt sich gern." Er war so aufgeregt, dass er noch sagte: „Das geht nicht, Poul, ich muss pinkeln!" Nach der ersten Überraschung nahm ich das Ganze gelassener, ich war vollkommen davon überzeugt, dass sich da einer mit dem Auto nur eine tolle Nummer ausgedacht hatte. Ich ging hinaus, der Chauffeur sprang aus dem Wagen und hielt mir hinten die Tür auf. „Guter Witz", lachte ich und setzte mich neben ihn auf den Beifahrersitz. Wir sprachen über das Theater – und schon waren wir da.

Der Wagen hielt vor einer riesigen Villa. Ich stieg etwas beklommen aus, lachte insgeheim aber immer noch über diese Nummer. Bente führte

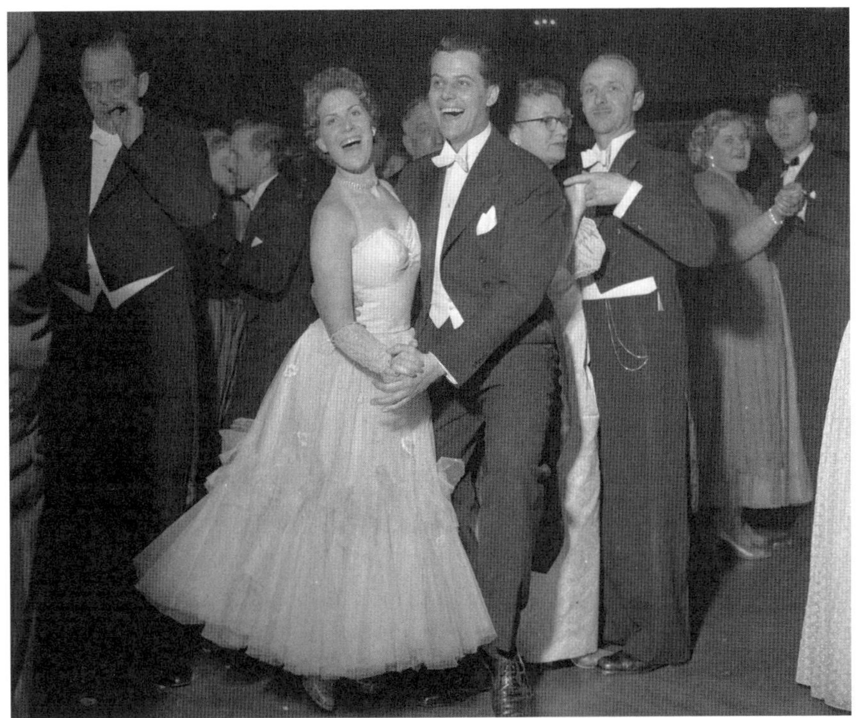

Mit Bente beim Ball. (Foto: Birthe Melchiors)

mich in eine schöne große Halle. Ich wollte gerade fragen, wie sie sich so etwas trauen könne, angenommen, die Bewohner kämen plötzlich nach Hause, als ich eine elegante Dame die gewundene Treppe herabschreiten sah. Ich wollte abhauen, doch da sagte Bente: „Das ist meine Mutter, und das hier ist Poul!“ Es durchfuhr mich wie ein Blitz: „Du gehörst hier nicht her, Poul, raus mit dir!“ Doch ich blieb. Wir verbrachten eine angenehme Stunde, ich bekam eine Tasse Kaffee und wurde gründlich, aber äußerst charmant ausgefragt. Danach brachte man mich etwas benommen nach Hause.

Nach diesem Erlebnis sahen Bente und ich uns noch einige Male, aber dann erklärte ich ihr, dass ich ihr unmöglich gerecht werden könne, und zog mich vornehm zurück. Zwei lange Wochen vergingen, ohne dass Bente und ich voneinander hörten. Ich litt Höllenqualen, denn ich war bis über beide Ohren in dieses Mädchen verliebt. Und dann stand sie eines Abends vor dem Theater und wartete auf mich. Ich war überglücklich und schickte alle Vorurteile zum Teufel. Nach dieser Begegnung wussten wir beide, wir beide sollen es sein.

Bentes Vater, der Chefchirurg Tage Kjær, versah zu diesem Zeitpunkt seinen Dienst auf einem Lazarettschiff in Asien. Ich hatte ihn noch nicht kennengelernt und er bekam fast einen Schock, als er einen Brief von mir empfing, in dem ich schrieb, dass ich den Wunsch hätte, seine Tochter zu heiraten. Seiner Antwort konnte ich entnehmen, dass er sich nicht unbedingt einen jungen Schauspieler als Schwiegersohn vorgestellt hatte. Er konnte nicht wissen, dass er Jahre später noch zwei weitere Theaterleute in die Familie bekommen würde. Bis dahin musste er sich aber wohl schon an unsere Spezies gewöhnt haben, denn wir fühlten uns sehr wohl miteinander.

Zu Anfang jedoch war er gegen unsere Ehe, was natürlich unserer Freude einen Dämpfer versetzte. Wir sprachen viel darüber in den folgenden Tagen und Nächten und dann sagte Karen Lis, meine zukünftige Schwiegermutter, sie habe sich entschieden, den Unwillen ihres Mannes zu ignorieren und unsere Ehe voll und ganz zu unterstützen. Sie habe das sogar schon ihrem Mann geschrieben. Wir waren glücklich. Die Hochzeit wurde auf den 15. Dezember 1951 gelegt. Aus Korea kam jede Menge unangenehmer Post, die sich wie eine kleine schwarze Wolke über unsere Freude legte, aber Schwiegermutter blieb fest. Endlich war es soweit. In der alten Kirche von Asminderød wurden wir Mann und Frau. Wir hatten eine schöne Hochzeit und am Abend eine riesige Gesellschaft mit meinen Kollegen vom Theater und natürlich auch Verwandten und Freunden. Der einzige, der fehlte, war der Chefchirurg. Er war zwar aus Korea nach Hause gekommen, hielt sich aber in seinem Haus in Kokkedal versteckt.

Diesen Mann, meinen Schwiegervater, liebte ich nicht gerade in den ersten Jahren unserer Ehe. Er war kein böser Mann, nur enttäuscht, was die Hochzeit seiner Tochter mit mir betraf. Ich glaube, es war vor allem, weil wir nicht seinen Willen befolgt hatten. Das war traurig, sowohl für Karen Lis als auch für mich, am schlimmsten aber war es für Bente. Sie und ihr Vater waren unzertrennlich gewesen. Er brauchte mehrere Jahre, bevor er mich überhaupt kennenlernen wollte. Aber dann, muss ich gerechterweise sagen, wurden wir schnell Freunde und sogar sehr gute. Im Alter musste ich ihm immer seine Lieblingslieder vorspielen und dazu singen. Das liebte er. Wir hatten ein schönes und enges Verhältnis.

14 Ein neues Leben

Im Frühjahr 1952 zogen Bente und ich in eine kleine Wohnung im Peter Bangsvej. Als wir dort ein paar Monate gewohnt hatten, rief uns Karen Lis an und bat uns zu sich, sie hätte eine gute Nachricht für uns. Noch bevor eine Stunde vergangen war, waren wir da. Sie sagte, wir seien immer so gut zu ihr gewesen und deshalb habe sie uns eine Villa gekauft. Was für eine Überraschung! Wir waren glücklich. Das Haus lag im Garderhøjvej 3 und war ein prächtiges Anwesen mit großem Garten. Für mich war es eine große Umstellung: Ich hatte noch nie in einer Villa gelebt und war selig.

Wir zogen schnell ein und es stellte sich heraus, dass Erik Balling unser Nachbar war. Ihm war sicher nicht sehr wohl bei der Aussicht, ausgerechnet einen Schauspieler neben sich wohnen zu haben, denn er begrüßte uns mit folgendem Salut: „Ich hoffe, wir werden gute Nachbarn! Und was sind gute Nachbarn?", lächelte er. „Das sind die, von denen man nicht viel hört oder sieht." Er bekam seinen Willen, wir blieben schön für uns. Heute kann ich ihn besser verstehen. Ich will zu Hause auch meine Ruhe haben, ich mag es auch nicht, wenn Leute plötzlich unangemeldet auftauchen. In meinem Beruf ist man selten zu Hause, und wenn man es dann mal ist, will man ungestört sein. Diesen Wunsch haben meine Nachbarn und Freunde immer verstanden und respektiert. Ich bin gern mit meinen Freunden zusammen, aber ich möchte sie gern selbst einladen.

Balling wollte nicht abweisend sein, nur ein wenig Distanz halten, um nicht Privates und Berufliches zu vermengen. Trotzdem hatten sie aber ihren Spaß und lachten zusammen an der Hecke.

Mit den Nachbarn auf der gegenüberliegenden Straßenseite freundeten wir uns schnell an. Es war eine nette Familie, Vater, Mutter und drei liebe Jungen. Der Hausherr war Sachverständiger für Ingenieurwesen bei Gericht und Patentfachmann. Leider ist er schon wie so viele meiner engen Freunde von uns gegangen.

In unserer Garage hatten wir einen Billardraum eingerichtet, ein bisschen primitiv vielleicht, aber er erfüllte seinen Zweck. Draußen hing eine rote Lampe. Wenn sie blinkte, wussten unsere Nachbarn, wir waren zu einer Partie Billard bereit. Einmal im Jahr veranstalteten wir ein großes Turnier, bei dem ein halbes Dutzend Freunde um kleine Silberpokale kämpfte. Wir fingen mit drei Preisen an, aber mit der Zeit entwickelte jeder solch einen Ehrgeiz, einen Pokal zu gewinnen, dass am Schluss fast jeder einen bekam.

Auch sonst war 1952 ein gutes Jahr für Bente und mich. Ich hatte auf einmal richtig viel zu tun und fuhr buchstäblich Tag und Nacht quer durchs Land, genoss es aber sehr.

Anfang der Fünfzigerjahre erlebte ich wieder eine schöne Zusammenarbeit mit Hedvig Volmer. Wir gaben im ganzen Land Konzerte, hatten einige große Serien im Radio, unter anderem die „Melodier fra det hvide lærred" (*Kinomelodien*), und machten als besonderen Höhepunkt eine Tournee durch England. Ein großer Impresario hatte uns engagiert und ließ uns an vielen mondänen Badeorten auftreten, darunter im berühmten Winter Garden in Bournemouth. Als ich am ersten Tag mein Zimmer betrat, bekam ich einen Schock: Auf der Bettdecke lag ein herrlicher, weißer Scheck über 2000 Kronen. Das war der Vorschuss für die Gage. Ich fühlte mich unendlich reich an diesem Tag.

Unser Programm bestand unter anderem aus dem berühmten dänischen Volkslied „Oppe på bjerget lå et lille hus ..." (*Auf dem Berg stand ein kleines Haus ...*), wo es in den Strophen weitergeht mit einem Baum mit kleinen Ästen, Blättern usw. Da muss man sich viel merken und außerdem noch schnell singen, sodass ich mich heute nicht mal mehr trauen würde, das Lied auf Dänisch zu singen, geschweige denn auf Englisch, wie wir es damals taten. Das treibt mir noch heute den Schweiß auf die Stirn.

In England nahmen wir auch in einer Radioshow teil. Einer der anderen Mitwirkenden war Humphrey Bogart. Ich fand es aufregend, mit so einer Berühmtheit zu plaudern. England war ein Erlebnis.

Am Nørrebro Theater spielte ich in dem Kriminalstück „Mord for åbent tæppe" (*Mord auf offener Bühne*) einen unter Druck geratenen Theaterintendanten und fand es schön, einmal eine Rolle zu haben, ohne dass ich singen musste.

Ende des Jahres gehörte ich zur Besetzung einer Revue am ABC Theater mit dem Titel „Mestersangeren i Revyenberg" (*Der Meistersänger vom Revueberg*). Einer meiner Kollegen war Karl Stegger. Leider ist auch er schon von uns gegangen, aber er ist nicht vergessen. Das passiert ansonsten schnell in unserem Beruf. Im Laufe der Jahre haben wir viel miteinander zu tun gehabt, vor allem im Film. Er war zuckerkrank wie ich, allerdings noch ein bisschen schlimmer. Wenn wir in einem der verschiedenen Filmstudios zu Mittag aßen und ich mir bei der Gelegenheit gerade mal ein einziges Plunderstück greifen wollte, schüttelte er immer den Kopf: „Ach Poul, kleiner Poul, und dir soll ich glauben, dass du zuckerkrank bist?! Lass den Scheiß liegen und gönn dir lieber ein paar Schnäpschen!" Er war ein rundlicher, geselliger, wunderbarer Mann. Auf ihn geht beispielsweise zurück, dass wir anfingen, in den vielen Stunden des Wartens Karten zu spielen, was wir nach wie vor mit dem größten Vergnügen tun.

Das Zugpferd der ABC-Revue war Osvald Helmuth, den die Rezensionen als einen wichtigsten Künstler unseres Landes feierten. Aber auch wir anderen hatten Grund zur Freude, wir erhielten von den Kritikern anerkennendes Schulterklopfen.

Besonders schön waren die Abende, die ich nach der Vorstellung bei Osvald zu Hause verbrachte. Seine Frau hatte für alles gesorgt, gutes Essen, kalte Biere und eiskalten Schnaps. Osvald war ein begnadeter Unterhalter. Er sprudelte über vor Geschichten und steckte mit seinem Gelächter an.

15 Rom

1953 kam ich nach Rom, wo man mir einen Gesangslehrer vermittelt hatte. Empfangen wurde ich von einem dänischen Bekannten, der dort mit einem guten Freund, einem Italiener, zusammenwohnte. Axel und Fernando, genannt Nando, lehrten mich, Rom zu lieben. Der eine mit seinem großen Wissen über das alte und neue Rom, der andere mit seiner Freude, helfen zu können.

Es waren zwei liebenswerte Menschen, die wir heute immer vermissen, wenn wir in Rom sind. Nando hatte einen besonderen Trick für unsere Eintrittskarten entwickelt, wenn wir in die große Freiluft-Oper in den Caracallas-Thermen wollten. Dort saßen den ganzen Sommer über jeden Abend an die 10000 Menschen, allein das war ein Erlebnis. Und wie virtuos die Sänger waren! Nando kaufte stets die billigsten Karten und in jeder Pause schlichen wir uns in echt italienischer Manier in den Reihen immer weiter nach vorn. Zum Schluss saßen wir auf den teuersten Plätzen. So recht anfreunden konnte ich mich nicht mit diesem System, ich hatte immer Angst, dass man unseren Betrug aufdecken würde. Aber Nando als echter Italiener liebte diese Spannung.

Mein Gesangslehrer war ein stattlicher alter Herr. Er war früher Opernsänger gewesen und hatte immer noch eine große Stimme. Immer wenn er mir zeigen wollte, wie man richtig sang, schloss er das Fenster. „Unter mir wohnt eine alte Hexe, die hasst meine Stimme." Er war zuckerkrank und auf dem Klavier lag immer eine Kanüle bereit. Ich muss gestehen, ich schielte am Anfang immer etwas nervös dahin, ohne zu ahnen, dass ich selbst einmal zuckerkrank werden würde. In einer Ecke stand ein richtig alter Pisspott und dort ließ er zwischendurch sein Wasser, mit beeindruckender Treffsicherheit. Daran musste man sich aber auch erst mal gewöhnen. Er war ein freundlicher Mensch, mit dem ich drei schöne Monate verlebte. Einmal pro Woche führte ich ihn in ein Restaurant aus, um ihn aufzupäppeln. Was er sich selbst auf seinem kleinen Spirituskocher zubereitete, waren winzige Portionen. Seine Freude und Dankbarkeit rührten mich sehr. Ich musste ihn allerdings jedes Mal zwingen mitzukommen, das gebot ihm sein Stolz. In meiner letzten Woche in Rom starb er und wurde auf einem Friedhof in der Nähe seiner Wohnung in einer kleinen Urne unter die Erde gebracht. Immer wenn ich in Rom bin, muss ich unbedingt zu ihm hin. Auch wenn es nur zu seiner Urne ist.

Nun sind drei Monate so gut wie nichts, wenn man richtig singen lernen will, aber eines haben sie mir doch gebracht – die Erkenntnis, dass ich ein weiteres Mal und dann für längere Zeit hierher wollte.

Im Nygade Theater spielte ich in „Blondinen bevorzugt". Das ging soweit ganz gut, aber meine Kollegin und ich waren ein zu ungleiches Paar. Sie war erfahren und wie üblich glänzend, ich aber zu jung und unsicher, um mit ihr mithalten zu können.

Mehr Freude hatte ich an „Cant" am Det Ny Teater, in dem ich der Sänger der Königin war. Im fünften Bild hatte ich eine wunderbare Arie. Als ich sie beendet hatte, war es vollkommen still im Saal. Ich dachte gerade „Das war nicht gut", als ein Jubel losbrach. Ich war glücklich und dankbar. Einfach nur auf der Bühne dieses schönen Theaters zu stehen war schon überwältigend. Es war ja sehr viel größer als das in Nørrebro und der Anblick der vornehmen, schwach beleuchteten Ränge unvergesslich. Darüber hinaus war es schön, richtige Dichterworte benutzen zu dürfen.

Ich entdeckte, dass sich meine Stimme behauptete – auch ohne Rollentext – und beschloss, sie richtig ausbilden zu lassen.

16 Hoch zu Ross und zweite Geige

Am ABC Theater wurde „Oklahoma" aufgeführt, woran ich zum zweiten Mal teilnahm. Mit von der Partie war auch Ove Sprogøe (*Egon Olsen*). Es war eine hübsche, heitere Vorstellung, aber die Leute waren an diesem Theater so etwas nicht gewohnt und gewöhnten sich auch später nicht daran.

Zum ersten Mal spielten Ove und ich zusammen und hatten viel Spaß miteinander, wenn auch das Stück nicht unbedingt ein Erfolg wurde. Ich weiß noch, wie wir für uns und das Theater ein bisschen Werbung machen wollten und durch Frederiksberg ritten. Ich hatte eine Heidenangst vor meinem Pferd und bin auch heute noch voller Respekt. Kirsten und ich sind momentan Besitzer eines prächtigen Rennpferdes. Es heißt nicht nur „She´s a beauty", sondern ist auch eine Schönheit.

Am Apollo Theater spielten wir „Levende lys" (*Kerzenschein*). Ich war der Baron und der großartige Max Hansen mein Diener. Was für ein Talent und so nett zu mir jungem Kollegen! Nach fast jeder Vorstellung nahm mich Max zum Essen in seine große schöne Wohnung mit nach Hause. Er wollte gern, dass ich Genever trinken lerne, was bis heute nichts geworden ist, aber nach jeder Begegnung mit diesem, wie ich immer noch finde, furchtbaren Geschmack stieß ich ihm zum Gefallen laute Freudenschreie aus. Stolz zeigte er mir seinen kleinen Sohn, seinen MINI MAX, wie er ihn nannte, um dann zu verkünden: „... und er wird einmal Schauspieler". Er wurde es, wie wir wissen, und legte eine Blitzkarriere hin. An eine Szene im Stück mit Vater Max erinnere ich mich besonders gut. Da soll er mir aus einem eleganten Etui eine Zigarette reichen. Und obgleich er professionell bis in die Fingerspitzen war, brachte er mich auf der Bühne doch auch gern zum Lachen: In den Etuideckel klebte er einmal das Bild einer jungen verführerischen Dame. Als ich das sah, musste ich natürlich unweigerlich lachen, worauf er mich in aller Unschuld fragte: „Stimmt etwas nicht, Herr Baron, Sie haben wohl etwas in den falschen Hals bekommen?" Jeden Abend fiel ihm etwas Neues ein. Ich liebte es.

In jenem Jahr drehte ich zwei Filme. Der eine hieß „Det er så yndigt at følges ad" (*Es ist so schön an deiner Seite*). Darin sollte ich Motorroller fahren, was ich aber noch nie gemacht hatte. Kurz bevor die Szene aufgenommen werden sollte, erkundigte sich ein junger Polizeibeamter: „Einen Führerschein werden Sie ja wohl haben, Bundgaard?" Ich nickte ängstlich lächelnd, denn ich hatte einen Führerschein, allerdings nur für Autos. Zum Glück lief alles glatt, aber ein schlechtes Gewissen hatte ich schon.

In dem anderen Film „Eventyret om tre“ (*Das Märchen von Dreien*) hatte ich meine erste größere Rolle. Es war eine schöne Zeit, aber der Regisseur hatte zu kämpfen, bis alles stimmte, sodass wir lange brauchten. Unser berühmtester Kritiker schrieb über mich: „Hollywood wird Poul Bundgaard bestimmt nicht vermissen.“ Um sich dann zu wundern: „Und wie man ihn in seinem Frack fotografiert hat – ganz schwer und ohne die Eleganz, mit der er sich sonst auf der Bühne bewegt.“

Na, aber auch meine Kollegen fanden keine Gnade vor dem großen Kritiker. Das war eine herbe Enttäuschung, für mich jedenfalls.

Aus dem Jahr 1955 erinnere ich mich besonders an die Operette „Das Glück kam über Nacht“. Das war ein gemeinsames Theaterprojekt aller Landesteile, sodass wir in Ålborg Premiere hatten, danach in Århus waren und zum Schluss in Odense. Ein munteres Stück war das, Publikum wie auch Presse nahmen es sehr gut auf.

Am Premierenabend traf ich den Schriftsteller Harald Engberg (*u. a. „Brecht auf Fünen“*), der sich abfällig über die Ålborg-Halle äußerte: „Nun müssen Sie also gleich in dieser schrecklichen Halle spielen. Wissen Sie, was diese Halle ist? Das werde ich Ihnen sagen, das ist nichts weniger als das Monument für den Größenwahn einer kleinen Stadt!“

In Kopenhagen spielten wir an Det Ny Scala, wie das Nørrebro Theater nun hieß, „Orpheus in der Unterwelt“ insgesamt 298 Mal. Ich war Orpheus und musste in dem Stück Geige spielen, was ich aber nicht konnte. Wäre es Klavier gewesen, hätte ich das sicher einigermaßen hinbekommen, aber Geige! Einen Abend spielte ich mir die Seele aus dem Leib. Ich fand es ganz gelungen, aber plötzlich fing ein junger Mann in der ersten Reihe schallend an zu lachen. Voller Verachtung sah ich zu ihm herab und er hörte auf. Das war ein unschönes Erlebnis, aber ich kam darüber hinweg und der Abend verlief ohne weitere Unterbrechungen. Am nächsten Tag kam ein Telegramm für mich. Es war aus Schweden und darin stand: „Ich bitte für mein falsches Verhalten gestern im Theater um Entschuldigung. Ich konnte nichts dafür, ich spiele selbst etwas Geige. Mit besten Grüßen – Ihr ergebener Pierino Gamba.“ Der Dirigent Gamba, das Wunderkind! Ich verzieh ihm natürlich sofort, wenn auch beschämt.

1950 fuhr ich wieder nach Rom. Ich hatte mir von meiner Schwester und meinem Schwager das Auto geborgt, alle Reisevorbereitungen waren getroffen, aber als wir loswollten, wurde Bente krank. Sie schlug vor, dass ich stattdessen mit meinen Eltern fahren sollte. Ich zögerte, aber Bentes gutes Herz und feine Überredungskunst überzeugten uns schließlich, wir fuhren los. Natürlich tat es uns leid, dass Bente krank war, doch es wurde eine unvergessliche Fahrt für uns drei. Meine Eltern waren noch

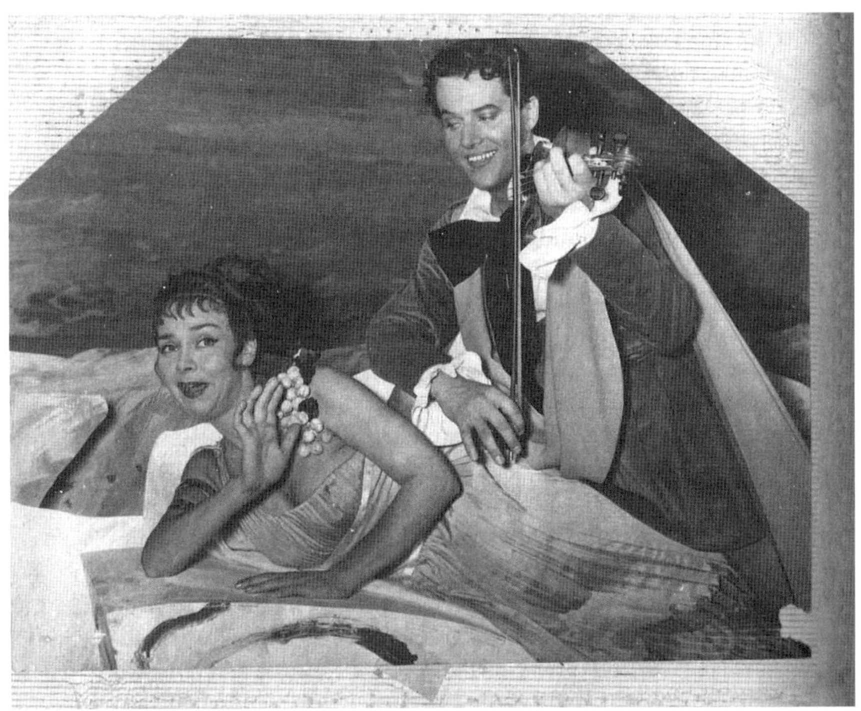

Als Orpheus in „Orpheus in der Unterwelt" an der Seite von Gerda Gilboe. (Foto: privat)

nie im Ausland gewesen, sodass ich großes Glück empfand, ihnen das nun ermöglichen zu können.

Als endlich Berge in Sichtweite kamen und ich ankündigte, dass wir darüber müssten, verließ meine Mutter der Mut. „Nein, Poul, sei nicht böse, aber das traue ich mich nicht". Als wir dann aber mittendrin waren, waren die beiden ganz aufgekratzt und hatten das wohl schönste Erlebnis ihres Lebens. Auf dem Weg nach Rom fuhren wir am Mittelmeer entlang und mein Vater rief aufgeregt: „Seht doch nur, seht, das sind Palmen!" Wir mussten aussteigen und fotografieren, wie Mutter und Vater ihre erste echte Palme umarmen.

In Rom kamen wir wohlbehalten an und verbrachten dort eine ganze Woche, in der ich sie überall hinschleppte und ihnen alles zeigte. Während ich das schreibe, wird mir immer noch ganz warm ums Herz. Wie schön, dass ich, der die beiden Menschen so liebte, ihnen dieses große Erlebnis verschaffen durfte! Dafür bin ich immer noch dankbar!

Auf dem Rückweg hielten wir in Pisa, um uns den Schiefen Turm anzusehen. Mein Vater war ein echter Jütländer, praktisch und nüchtern, und es gehörte einiges dazu, um ihn in Begeisterung zu versetzen. Meine Mutter war das ganze Gegenteil, sie schmolz oft vor Bewunderung dahin und sang Hohelieder auf alles Schöne, das uns begegnete. Beim Anblick des Schiefen Turms sagte mein Vater beispielsweise: „Tja, der ist ja sehr schön, aber auch nicht höher als der Schornstein unserer Molkerei in Vejstrup." Mutter war empört. Am Abend saßen wir auf der Dachterrasse unseres Hotels und tranken italienischen Sekt, als ein Vogel über unseren Köpfen schwebte und Mutter entzückt ausrief: „Sieh nur, Vater, der schöne Vogel schaut auf uns Dänen herab!" Worauf Vater erwiderte: „Das ist eine Fledermaus, davon haben wir zu Hause jede Menge."

Auch in Venedig waren wir. Ich mietete eine Gondel und zahlte für eine besonders lange Tour. Mit der Zeit wurden die Kanäle immer enger und meine Mutter flüstert meinem Vater zu: „Mir ist es ganz egal, aber ich hab einen Schuh ausgezogen und wenn er uns überfällt, hau ich ihm den auf den Kopf." Die beiden alten Herrschaften hatten Angst bekommen und hätten mich fast angesteckt. Als der Kanal aber wieder breiter und heller war, sangen mein Vater, der Gondoliere und ich um die Wette. Vater gewann.

17 Neue Scala

Ich hatte schöne Jahre in Det Ny Scala (*Neue Scala*). Auch unter der alten Theaterleitung war es gut gelaufen, aber als der neue Intendant das Ruder übernahm, kam das Ganze noch mal in Schwung. Er hatte Visionen von einem großen und modernen Showtheater und vermochte sie auch umzusetzen. Privat war er der geselligste Mensch der Welt, im Beruf aber hart. Es hieß, bei einem Vertrag mit ihm sollte man mindestens zwei der besten Rechtsanwälte bei sich haben. Über seinen scharfen Verstand kursierten viele Geschichten. Ein bekannter Schauspieler fragte ihn einmal zum Spaß: „Na, sag schon, wo hast du mich übers Ohr gehauen?" „Das kann ich dir sagen", kam als Antwort zurück, „auf Seite eins und Seite drei im Vertrag." In der Arbeit war er kein einfacher Mann, aber eine Koryphäe. Wenn ich ihn und seine Frau heute in Spanien besuche, ist er der perfekte Gastgeber und wir genießen das Zusammensein.

Wir spielten „Call me Madam" und danach „Die Fledermaus". Zum zweiten Mal war ich Dr. Falke. Ich vergesse die Zeit, wenn ich an die Inszenierung denke.

Aber mittlerweile war ich so versessen darauf, nach Italien zu kommen und richtig singen zu lernen, dass ich mit der Skala brach.

18 Kinderwunsch

Es ging uns gut, Bente und mir, aber wir wünschten uns immer mehr ein Kind!

Ich hatte mir selbst das törichte Versprechen gegeben, dass wir in den ersten fünf Jahren keine Kinder bekommen sollten. Kaum waren die fünf Jahre vorbei, wurde Bente schwanger.

Nun wurde ich allmählich erwachsen. Ich hatte Erfolg, worüber ich natürlich froh und glücklich war. Aber jetzt war ich bald fünfunddreißig und in der Branche, die ich mir ausgesucht hatte, bedeutete die Arbeit, dass ich selten zu Hause war, nicht viel Schlaf bekam, immer wegen irgendetwas nervös war, nicht richtig Zeit hatte, mich um Bente zu kümmern, kurz – ich hatte das Gefühl, das Leben lief mir davon.

Deshalb gönnte ich mir ein paar Tage Ruhe von allem Stress. Ich nahm den Zug nach Silkeborg, das in einer der schönsten landschaftlichen Gegenden Dänemarks liegt. Dort lief ich mehrere Stunden herum. Eine wunderbare Ruhe senkte sich auf mein Gemüt. Keine Verträge, keiner, der irgendwo auf mich wartete, einfach laufen und schauen. Während ich so herumwanderte, kam mir vieles in den Sinn, auch ein Erlebnis in einer kleinen jütländischen Kirche unweit der Nordsee. Ich hatte mich hineingeschlichen und saß ganz allein auf einer der alten, abgewetzten Bänke. Welch ein Frieden, welch eine gesegnete Ruhe. Ich dachte an all die Männer und Frauen in dieser rauen Gegend, die hier drinnen ein wenig Trost und Zuversicht gesucht hatten, dass alles gut werden möge. Ich schloss die Augen und vermeinte, die vielen Worte und Gebete zu hören, die hier im Laufe der Jahrhunderte erklungen waren. Das hört sich vielleicht nach nichts an, und dennoch wurde mir in dieser Stunde eine Tür geöffnet – eine geistige Tür. Ich schlich mich leise aus der Kirche hinaus. Ich war derselbe und doch seltsam gereift. Ich war ruhig und heiter. Kurz darauf gelangte ich an eine Lichtung im Wald. Eine uralte Eiche streckte ihre knorrigen Arme gen Himmel. Ein Stück über meinem Kopf war etwas in die Rinde geritzt: „T. K. 1883“. In der Stimmung, in der ich mich noch befand, schoss mir durch den Kopf: Hier hast du ein Zeichen für Eitelkeit und nochmals Eitelkeit. Wo ist sie jetzt hin, die Person, die hier vor 74 Jahren aus Übermut und im Glauben an ihre eigene Vortrefflichkeit die Rinde eingeritzt und gemeint hatte, dieses Jetzt, das sei alles, das sei das Leben, die ganze Welt. Kein Gedanke an die Zukunft, in der jemand anderes hier verweilen und wehmütig an denjenigen denken würde, den er nie kennengelernt hatte. Hier geht es sowohl um Leben als auch um Tod, um Verfall!

Nachdem ich wieder eine Stunde gelaufen war, stand ich plötzlich vor einer alten Wassermühle. Der ganze Ort kauerte sich vor lauter Einsamkeit zusammen. Das große Mühlrad stand still. Wo vorher ein großer, geschäftiger Fluss durchgerauscht war, plätscherte jetzt nur noch ein schmaler, müder Bach. Ich dachte, wenn man dem Müller damals, als hier noch alles in Betrieb war, gesagt hätte, wie sein Lebenswerk einmal aussehen würde, hätte er sicher mitleidig gelächelt. Verstehen Sie, worauf ich hinaus will?

Ich konnte der Versuchung nicht widerstehen und ging in den Hof. Alles war ordentlich und sauber, wirkte aber irgendwie unwirklich. An der Pumpe lehnte ein altes blaues Herrenfahrrad.

Die Tür zum Wohnhaus öffnete sich, eine liebenswürdige ältere Frau trat heraus, sah mich mit ihren hellblauen Augen an und fragte, ob sie mir helfen könne. Ich sagte ihr, dass der Ort mich verzaubert hätte, bat sie, meine Aufdringlichkeit zu entschuldigen und schickte mich an zu gehen. Aber die alte Dame wollte plaudern und bat mich auf einen Kaffee in ihr und Mortens Haus hinein. „Morten?“, fragte ich. „Ja, das Fahrrad, verstehen Sie. Morten war fast sechzig Jahre lang mein Mann. Er ist tot, aber ich tue so, als wäre er noch da, indem ich sein Rad draußen stehen lasse.“ Während sie den Kaffee machte, ging ich durch die kleinen Räume und sah mir die alten Dinge an, die zu mir zu sprechen schienen. Die ganze Zeit starrte mich eine dicke alte Katze an, die dalag, als schliefe sie, aber trotzdem jeden meiner Schritte genau überwachte. Nach dem Kaffee ließ mich die alte Frau in ihr und Mortens Schlafzimmer. Es war, als hebe sich der Vorhang der Zeit, man sah etwas, worauf man eigentlich kein Recht hatte, etwas, das nicht mehr da war und doch lebte. Die Alte sagte: „Ach, dieser ganze alte Plunder“ und strich dabei mit ihrer zerfurchten Hand zärtlich über das Bett. Es war wunderschön, das zu erleben.

Bente brachte einen Jungen zur Welt! Am 7. Juli 1957. Er bekam den Namen Steen und in einem Anfall von Selbstgefälligkeit auch Poul. Ich hatte Bente im Frederiksberg Krankenhaus abgeliefert und musste abends in einem Restaurant außerhalb von Kopenhagen auftreten. Den ganzen Abend versuchte ich, die Klinik telefonisch zu erreichen. Es donnerte und blitzte, Himmel und Erde waren eins. Ich scherzte mit dem Publikum, so ein himmlisches Feuerwerk sei ja wohl das Mindeste bei der Geburt meines Kindes.

Als ich nach der Pause die nächsten Lieder gesungen hatte, kam der Wirt auf die Bühne und sagte: „Meine Damen und Herren, bis eben haben Sie Poul Bundgaard gehört, aber von nun an heißt er Poul Bundgaard senior! Er hat gerade einen Sohn bekommen und ich erlaube mir, Ihnen allen ein Glas Wein zu spendieren, um den Burschen willkommen zu heißen." Ich war überglücklich und sobald ich mit meinem Auftritt fertig war, sprang ich in den Wagen und fuhr, so schnell ich konnte. Nur leider ging es nicht sehr schnell mit meinem alten Auto.

Im Krankenhaus gaben sie mir einen Kittel, dann durfte ich zu Bente. Dieser Augenblick, in dem ich meinen Sohn zum ersten Mal sah und für Bente und mich alles andere auf der Welt völlig gleichgültig war, ist zu einem kostbaren Gedenkmoment geworden. Dass ich das Privileg haben würde, das gleich noch zweimal zu erleben, erst eine kleine Tochter und dann wieder ein Sohn – das ist ein Segen.

Auf dem Heimweg hielt ich an einem Nachtrestaurant und kaufte eine Flasche Champagner, und wo, meinen Sie, wollte ich hin? Richtig, zu meinen Eltern. Es war weit nach Mitternacht und ich rief beruhigend durch den Briefschlitz: „Keine Angst, ich bin es, Poul! Hat jemand Oma und Opa gesehen?" Sofort flog die Tür auf, Gläser kamen auf den Tisch, es wurde die Flasche entkorkt und unter Freudentränen das zweite Mal an diesem Abend auf meinen Sohn angestoßen.

Ich berichtete stolz, dass der Junge bei Blitz und Donner, an einem Sonntag und mit der Glückshaube geboren wurde, es konnte nicht besser sein.

19 Lehrzeit in Rom

In der darauffolgenden Zeit begriff ich immer mehr, was es eigentlich bedeutete, Vater zu sein. Im Freudenrausch der ersten Tage vergisst man ja fast, dass es schon andere Väter vor einem selbst gegeben hat. Für mich bedeutete es, dass ich nun richtig erwachsen war, ich spürte die Verantwortung, ein schönes Gefühl. Wie alle Väter und Mütter träumte ich davon, was mein Sohn alles erreichen würde. Es gab keine Grenzen. Das war vielleicht ein bisschen naiv, reinigt aber den Charakter. Sobald ich konnte, schleppte ich ihn überall mit hin. Ich war in meiner Freude über den Jungen sicher ziemlich unerträglich, aber das habe ich später bei allen frischgebackenen Vätern erlebt. Und meine Freude über den Burschen hat nie nachgelassen.

Ein paar Monate später hatte ich mit meiner Schwiegermutter alles soweit geregelt, dass ich mit Frau und Kind für ein Jahr zum Gesangsunterricht nach Rom gehen konnte. Mein großer Traum ging also in Erfüllung und ich konnte nicht schnell genug wegkommen. Bente und ich vereinbarten, dass ich als erster los sollte, um eine Wohnung zu suchen. Danach würde sie mit dem Jungen nachkommen. Mein Freund Anker begleitete mich nach Rom. Er war damals einer meiner besten Freunde, ist aber nun leider schon gestorben. Anker war ein großes, kräftiges Mannsbild mit einem imposanten roten Vollbart. Wir kannten uns aus Kriegstagen und waren so gute Freunde, dass er eine Zeitlang bei Bente und mir wohnte. Er war ein besonnener, hochbegabter Mann, dessen Arbeit ihm viel Freizeit ließ, die er als liebster Spielonkel mit meinen Kindern verbrachte.

In Rom – oder Roma, wie die Italiener die Ewige Stadt nennen – hielten wir sofort nach einer passenden Wohnung Ausschau. Dabei waren die vorher erwähnten Freunde Axel und Nando von unschätzbarer Hilfe. Schnell hatten sie in der Via Annia Faustine 4 eine schöne Dreizimmerwohnung mit einer zusätzlichen kleinen Kammer und einem hübschen kleinen Garten aufgespürt.

Als wir zur Wohnungsbesichtigung kamen, wurden wir vom Inhaber, einem Baron nebenbei bemerkt, freundlich empfangen. Er führte uns durch die kleine Wohnung, als wäre sie ein Schloss, öffnete stolz die Tür zu jedem Zimmer, trat zurück, breitete die Arme aus und rief: „Und was sagen Sie zu diesem Zimmer?“ Aus einem kleinen Möbelstück zog er eine Schublade heraus und erklärte in einem Ton, als zeigte er uns die englischen Kronjuwelen: „Und hier ist das Silberbesteck!“ Da lagen drei Gabeln und drei Messer, alle in denkbar schlechtem Zustand, aber wir wahrten das Gesicht und murmelten etwas von Begeisterung. Dass Toilette und Waschbecken nicht benutzt werden konnten, überging er elegant. Ich mietete die Wohnung für ein Jahr, mehr Geld hatte ich nicht zur Verfügung. Anker und ich waren Feuer und Flamme. Das war eine wirklich schöne Wohnung und noch dazu mit einem wunderbaren Garten, sodass wir sofort losstürzten und Bente telegrafierten: „Das Leben ist schön und das Schloss, das wir gerade gemietet haben, auch. Mach Dich zur Abreise bereit! Wir erwarten Euch innerhalb der nächsten Woche.“

Am Tag der Ankunft standen Anker und ich gespannt am Flughafen. Ich muss hier einflechten, dass Steen gerade mal süße drei Monate war und Schwiegermutter bestimmt hatte, dass Bente eine Hilfe mitbekommen sollte. Es war ein hübsches, herzensgutes Mädchen und hieß ebenfalls Bente. Zweimal Bente in einer Wohnung ging nicht, deshalb taufte ich sie sofort Schmaltzer. Wie ich darauf kam, weiß ich nicht, aber so nannten wir sie von nun an. Als das Flugzeug landete, guckten wir uns die Augen aus dem Kopf, aber Bente war nicht zu sehen. Als alle draußen waren, sahen wir plötzlich einen kleinen blauen Kinderkorb in der Türöffnung schaukeln. Dann steckte Bente den Kopf heraus und rief: „Und jetzt ist Steen in Rom!“ Wir brachten alle schnell durch den Zoll, dann ging es rein ins Auto und ab zum „Schloss“. Zum Glück waren Bente und Schmaltzer genauso begeistert wie wir. In dieser Wohnung verlebten wir ein schönes Jahr. Ich lernte viel bei meiner Gesangslehrerin, wir sprachen schnell Italienisch und gewannen auch ein paar italienische Freunde, die wir immer noch sehen.

Ich will ein wenig mehr über Rom und uns erzählen. Zum Beispiel, wie wir Italienisch lernten. Wir mieteten nämlich gleich einen Fernseher, der die ersten Wochen Tag und Nacht lief, hatten auch ein paar Lehrbücher von zu Hause dabei und mit gemeinsamer Hilfe ging das erstaunlich gut.

Außerdem wechselten wir mit dem Portiersehepaar von Anfang an täglich ein paar Worte. Die beiden zu erleben war großes Theater. Sie war riesig, er ganz klein. Sie trank nur Wasser, weil anderes Sünde sei, er war ein Schluckspecht. Und so musste er sie natürlich überlisten. Es gab kaum einen Ort, wo er nicht eine Flasche versteckt hatte, und ständig

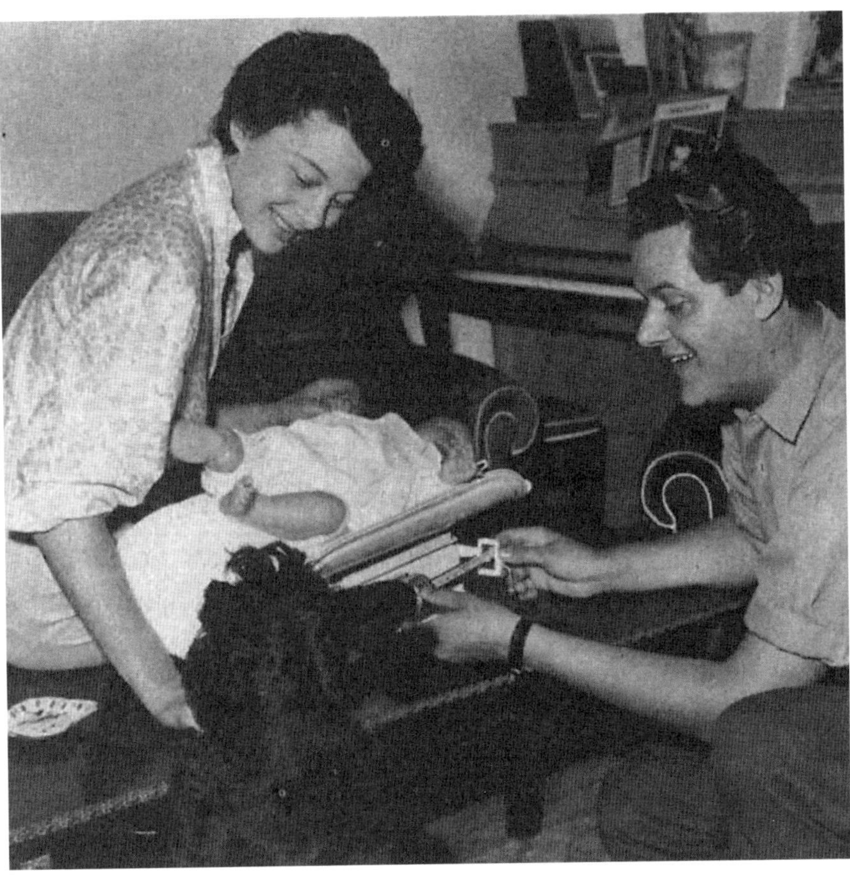

Mit Bente und dem kleinen Steen in Rom. (Foto: privat)

war er im Vollrausch. Anfangs verstanden wir gar nicht, warum er fast jeden Tag bei uns klingelte und darum bat, auf unsere Toilette zu dürfen, bis ich eines Tages die Flasche Schnaps entdeckte, die er im Spülkasten versteckt hatte. Sie schimpfte, er lallte. Ein seltsames Paar.

Im Viertel freundeten wir uns schnell mit den Verkäufern an, was auch unserem Italienisch weiterhalf. Der junge Lilo, den wir an der Tankstelle kennenlernten, und seine Freunde Marcello und Franca wurden in Rom unsere guten Geister. Und mit der Zeit gewann ich auch unter meinen Mitstudenten, die aus aller Herren Länder kamen, neue Freunde.

So prompt wie unsere Unterkunft hatten mir Axel und Nando eine Gesangslehrerin besorgt. Anna Gramegna war um die Jahrhundertwende die Partnerin von Caruso höchstselbst gewesen. Was konnte man sich Besseres wünschen? Sie war eine fröhliche alte Dame. Alles, was ich in den vielen Operetten, wo man ja singen und sprechen muss, falsch gemacht hatte, trieb sie mir in den ersten drei Monaten aus. Eines Tages war ich in der Lage, ein schönes hohes C zu singen. Wir waren glücklich. Ich stürzte nach Hause zu Bente und rief schon vom Hof aus: „Jetzt glaube ich daran, jetzt glaube ich, dass ich ein richtiger Sänger werden kann!" Wir riefen all unsere Freunde an und luden sie zu einem „echt dänischen Abend" ein. Von zu Hause hatten wir noch eine Flasche Schnaps übrig, die nun unter vielen Ermahnungen die Runde machte, und trotzdem waren da ein paar Gesellen, die nicht auf uns hören wollten und ihn tranken, als wäre es Wein. Überflüssig zu sagen, dass sie schnell nach Hause gingen.

Was für ein Abend! Es surrte vor fremden Sprachen und unser Ehrengast, ein freundlicher Mönch, freute sich so sehr über alles, was er inhalierte, dass er plötzlich in mein Bett ging und wie ein glückliches Kind schlief, bis ich es selbst übernahm, als der letzte Gast schließlich gegangen war. Der Mönch hatte die Aufgabe, täglich für das Kloster auf den Markt zu fahren und einzukaufen. Dort stießen wir einmal mit unseren Autos zusammen, woraufhin bei ihm eine Scheibe kaputtging. Er stieg aus und hatte Tränen in den Augen, als er sagte, er würde sich unter keinen Umständen trauen, mit dieser Scheibe zum Kloster zurückzufahren. Er tat mir leid, deshalb fuhr ich mit ihm zu einer Werkstatt, die im Handumdrehen eine neue einsetzte. Er war überglücklich. Nach diesem Tag ging ich ab und zu ins Kloster, wo ich immer ein schönes Mittagessen bekam – und eine gute Partie Billard! Ja, Sie lesen richtig: Die Mönche konnten ja nicht nur den ganzen Tag beten, also spielten sie zwischendurch eben Billard. Er hieß übrigens Bruno, falls Sie zufällig auf einen Mönch stoßen sollten, der gut Billard spielen kann.

Als ich zur Aufnahmeprüfung bei meiner neuen Gesangslehrerin kam, musste ich warten, weil noch ein anderer Sänger bei ihr war, und hörte, wie der einen Rüffel nach dem anderen bekam. Dabei sang er ganz wunderbar.

Am liebsten hätte ich mich verdrückt. Mit einem Mal ging die Tür auf – und wer kam heraus? Der berühmte Tenor Taglavini. Ich war erschüttert, schaffte es aber, mich nach und nach freizusingen, und dann lief es eigentlich ganz gut. Allerdings kam meine Stimme nie auch nur annähernd an die von Taglavini heran.

Anna Gramegna war einmal, wie ich schon sagte, eine bekannte Sängerin gewesen. An der Wand über ihrem Klavier hingen zahlreiche Fotos mit berühmten Sängern der Vergangenheit, die ihr alle eine schöne Wid-

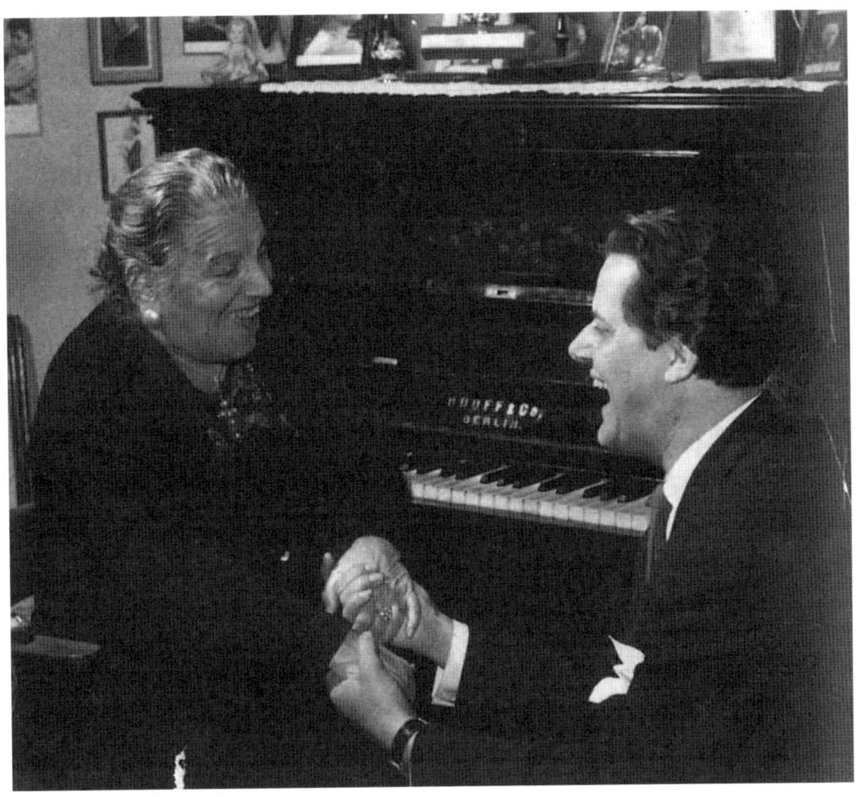

Gesangsunterricht bei Anna Gramegna in Rom. (Foto: privat)

mung geschrieben und für gute Partnerschaft gedankt hatten. Früher hatte sie viel Geld verdient und war berühmt. Nun saß sie einsam in ihrer kleinen Dreizimmerwohnung, war arm und hatte kaum noch Zähne. Aber in Italien gibt es keine staatliche Altersrente, wie wir sie zum Glück hierzulande haben. Sie war nicht notleidend, aber nahe dran. Es tat mir jedes Mal weh, wenn ich bei ihr war. In diesem großen Land leiden überhaupt furchtbar viele Not. Nachts sieht man viele Leute auf der Straße schlafen. Als Kirsten und ich das letzte Mal in Rom waren, standen mehrere Menschen um ein Bündel auf dem Bürgersteig herum. Ich ging näher – und was sah ich? Eine alte Frau, die ihren kleinen Beutel an sich drückte. Selbst im Sterben hütete sie ihre wenigen Habseligkeiten. Mir ist immer noch elend, wenn ich daran denke. In Dänemark bezahlen wir zwar hohe Steuern, sehen dafür aber zum Glück auch niemanden, der auf der Straße verhungern muss.

Einmal im Jahr mietete Anna Gramegna ein kleines Theater, das Eliseo, wo ihre Schüler eine Oper aufführen konnten. Ich schaffte es, dass ich die Hauptpartie in Tosca singen durfte. Was für ein Abend! Er hat sich in meine Seele eingebrannt. Sie müssen bedenken, liebe Leserinnen und Leser, das war das Höchste, was ich jemals mit meinen Opernträumen erreichen sollte, aber das wusste ich damals glücklicherweise noch nicht. Das Theater war voll von Freunden der Mitwirkenden, sodass es an Beifall nicht mangelte. Den ganzen Abend herrschte südländische Begeisterung. Gegen Mitternacht war die Oper zu Ende und alle gingen ins berühmte Restaurant Romolo an der Porta Settimiana. Dort huldigten wir unserer Lehrerin und lobten uns gegenseitig über den grünen Klee. Als wir frühmorgens auseinandergingen, hielt sich jeder von uns für den Größten – ach ja!

Unser römischer Alltag verlief harmonisch. Die Mädchen kauften ein, putzten und tummelten sich danach im Garten. Ich machte meine Gesangsübungen hinter brav geschlossener Tür, um niemanden zu stören, und ging dann zu Gramegna, um weiterzuarbeiten. Abends waren wir oft in der Oper, ich hatte vom Kultusministerium eine schöne Empfehlung mitbekommen, die fast alle Türen öffnete.

Unser Haus hatte drei Stockwerke und zu jeder Wohnung über uns gehörte ein Balkon, auf dem die Leute Hühner und Tauben hielten. Ganze Vor- und Nachmittage vergingen mit der Fütterung dieser Haustiere. Jedes Tier war mit einem Strick am Bein festgebunden und da sie fast immer über diese Stricke fielen oder sich darin verfingen, herrschte ständig Aufregung. Wenn die Nachbarn zu Abend gegessen hatten, saßen sie auf ihrem Balkon und gafften in unseren Garten. Das ging sogar so weit, dass sie sonntags Gäste einluden, damit die sich selbst davon überzeugen konnten, wie verrückt wir Nordländer waren. Zu ihrem Vergnügen hatte ich mit Steen ein Kunststück einstudiert. Das bestand schlicht und ergreifend darin, dass ich Steens Hände um die Wäscheleine im Garten legte und ihn dann allein in rund einem Meter Höhe hängen ließ. Immer wenn wir die Nummer aufführten, schallte es von den Balkonen: „Bravo, bravo, ein echter Wikinger!“ Dieser Spaß fand allerdings ein jähes Ende, als Bente einmal unerwartet in den Garten kam. Entsetzt lief sie zu unserem Jungen, riss ihn an sich und brachte ihn im Kinderwagen in Sicherheit. So endete sein Artistenleben. Was Bente auf Dänisch zu mir sagte, konnte Gott sei Dank keiner unserer italienischen Zuschauer verstehen.

Eine Woche vor Weihnachten 1957 saßen Bente und ich gemütlich im Wohnzimmer. Plötzlich hörten wir eine Stimme, die lauthals ein dänisches Weihnachtslied sang. Wir sahen uns an und rannten in den Garten. Und wer stand dort? Unser guter alter Freund Ebbe Langberg, der sich entschuldigte: „Ja, tut mir leid, ich wollte eigentlich nach Rønne, aber da muss wohl doch Roma gestanden haben." Die Überraschung war gelungen und wir verbrachten fröhliche Tage. So ein Besuch in der Fremde ist immer etwas Schönes.

Im März 1958 tranken wir draußen im Garten Kaffee und hörten auf einmal von der Straße: „Doch, doch, Lis, das muss hier sein, dann sind sie wohl nicht da!" Wir sprangen von unseren Stühlen hoch und liefen raus, um unseren Gästen zu öffnen. Es waren unsere guten Freunde, der Rennradler Kay Werner und seine Frau. Sie hatten sich ins Auto gesetzt, um zu sehen, wie es uns ging.

Wir waren nicht die einzigen Dänen in Rom. Margot Lander war mit ihrem Mann dorthin gezogen, nachdem sie am Königlichen Theater aufgehört hatte. Ihre Wohnung war ein Traum – mit Terrasse und Blick auf die Berge vor den Toren Roms.

Margot war eine gottbegnadete Balletttänzerin, aber auch ein wunderbarer Mensch und eine großartige Gastgeberin. Nie werde ich die Abende vergessen, an denen sie ihre Schuhe auszog und für uns tanzte. Aus der Ferne leuchteten die Bergstädtchen Frascati und Tivoli und schufen eine märchenhafte Kulisse, der Mond setzte Margot ins rechte Licht und sie selbst beschenkte uns mit ihrer hohen Kunst. Man saß mit seinem Wein einfach nur da und gab sich dem Genuss hin. Sie hatte sich auf dem Höhepunkt ihrer Karriere von der Bühne zurückgezogen und doch war noch so viel unerlöstes Genie in ihrem Körper, dass sie für unvergessliche Abende auf der Terrasse sorgen konnte.

Es gab damals auch einen skandinavischen Künstlerklub in Rom, wo sich junge Sänger, Schriftsteller, Tänzer und Maler trafen. Solche Abende waren so unterhaltsam wie lehrreich. Ich saß mit großen Augen da und lauschte all diesen Talenten, ich saugte all diese fremden Eindrücke begehrlich auf und erkühnte mich ab und zu, selbst ein wenig zu spielen und zu singen. Sie nahmen es sehr freundlich auf.

Während wir in Rom waren, starb Benjamino Gigli, der große, vergötterte Tenor der ganzen Welt. Nando und Axel besorgten uns eine Eintrittskarte für die Kirche, in der die Trauerfeierlichkeit stattfand. Gigli wurde so geliebt, dass alle in Italien weinten, als sich die Nachricht verbreitete. Ich erlebte es selbst, als ich meinen Wagen in der Garage parkte. Der Garagenmann lief mir heulend entgegen und stieß hervor: „Haben Sie schon gehört? Er ist tot!“ Ich dachte zunächst, es handele sich um eines seiner Familienmitglieder, und schüttelte den Kopf. Darauf brach er völlig zusammen. So sehr liebten die einfachen Italiener den großen Gigli. Es war ein bewegender Moment. Als Gesangsschüler empfand ich ebenfalls Trauer. Obwohl ich nur ein kleines Glied in der Kette war, war ich doch auch irgendwie Sänger und er unser Meister.

In der Kirche trat ein stattlicher Mann an den Sarg. Ich konnte nicht beurteilen, ob er ein gewöhnlicher Priester war oder eine höhere Stellung in der Kirche einnahm. Während er sich ehrerbietig verneigte, flüsterte Nando mir zu: „Das ist Giglis Bruder, hör jetzt gut zu!“ Da richtete sich der Mann auf und sang für seinen toten Bruder. Es war ergreifend. Nach der Zeremonie folgten unzählige Autos dem wunderschön geschmückten Wagen mit Giglis Sarg. Aus aller Welt waren so viele Kränze gekommen, dass sie allein vier Autos füllten. Auf einem großen Seidenkissen lagen alle Orden von Gigli. Ich schlich mich ans Ende der langen Schlange und erlebte die Beisetzung auf dem Friedhof aus großer Entfernung.

Eines habe ich in Rom an mir entdeckt: Ich bin nicht dafür geschaffen, im Ausland zu leben. Obwohl es mir gut ging, hatte ich fürchterliches Heimweh. Obwohl ich meine Lieben bei mir hatte, sehnte ich mich nach Dänemark und den Dänen. Ich mochte die Italiener sehr, aber man wird nie so richtig „einer von ihnen“. Vielleicht liegt es aber auch daran, dass ich zu Hause so verwöhnt war.

Für diesmal muss ich Rom verlassen. Es ist nicht leicht, denn in dieser prachtvollen Stadt begegnet man eben dem Modernsten und stößt nur ein paar Schritte weiter auf die Zeugnisse der gesamten Geschichte des Römischen Reichs. Ich erwähne nur den Vatikan, das Forum Romanum, das Colosseum, das Pantheon. Nicht zu vergessen, dass man in Rom auch nicht lange zu suchen braucht, schon liegt ein herrliches Restaurant neben dem anderen, wo man, wie jeder weiß, vorzüglich essen kann.

Eines Tages kam ein Telegramm aus Oslo, man biete mir die Hauptrolle in „Der Graf von Luxemburg“ an. Ich rief sofort an und als ich dann noch die Höhe der Gage erfuhr, sagte ich schnell zu. Beim nächsten Unterricht erzählte ich meiner Lehrerin von meinem Entschluss. Worauf sie sich echt italienisch an meinen Hals warf, weinte und mich bat, noch ein Jahr länger zu bleiben, ich bräuchte auch nichts zu bezahlen. Sie habe doch nun gerade meine Stimme in die richtige Bahn gebracht und mir meine Unarten im Gesang ausgetrieben. Nun würde sie an meine Karriere glauben. Das war Musik in meinen Ohren, aber ich musste ans Geld denken.

Wir packten unsere Sachen zusammen, schickten sie nach Hause und nahmen von unseren Freunden und Roma selbst schließlich bewegt Abschied. Am letzten Abend waren Bente und ich im Restaurant Pancrazio essen und als das Orchester „O sole mio" spielte, konnte ich es mir nicht verkneifen – ich sang mit, und die Leute klatschten. Danach kam ein amerikanischer Fernsehproduzent an unseren Tisch und bot mir ein halbjähriges Engagement in Amerika an. Aber ich traute mich nicht!

Immer wenn es darauf ankam, fehlte es mir an Selbstvertrauen. Hier noch ein paar Beispiele.

Da war, wie schon erwähnt, das lukrative Angebot für eines der großen Showtheater in New York vom Autor von „Annie Get Your Gun" nach seinem Besuch der Vorstellung am Nørrebro Theater. Aber – ich traute mich nicht!

Ich sollte an der Opéra Toulouse in Frankreich singen – ich traute mich nicht!

Das große Operettentheater in Westberlin bot mir einen Vertrag über anderthalb Jahre an – ich traute mich nicht!

Der deutsche Impresario Friedrich Paasch wollte mich an den Opernhäusern in Hamburg und München singen lassen – ich traute mich nicht!

Hedvig Volmer und ich waren für eine Saison an ein großes Theater in Ägypten eingeladen – ich traute mich nicht!

Und da ist noch mehr in der Art. Weshalb nun dieses ständige Nein? Ich habe niemals an meinem Talent gezweifelt, denn wenn man das macht, ist man erledigt. Auf der anderen Seite glaubte ich doch nicht so sehr an mich selbst wie andere. Ich fühlte mich nicht bereit für diese großen Sprünge, ich fand mein Talent nicht groß genug für die große Welt. Nun bin ich nicht so naiv zu glauben, dass der Welt etwas entgangen ist, aber einige Aufgaben hätte ich doch vielleicht zufriedenstellend gelöst. Und ich hätte mich da auch weiterentwickeln können.

Aber das Leben, das ich gewählt habe, ist genau richtig für mich, ich bin zufrieden und ich bin dankbar!

Pouls Selbstkritik grenzte an Selbstzerfleischung. Vor jedem Auftritt litt er Höllenqualen. Als Sänger und als Schauspieler. Bei den Dreharbeiten zur Olsenbande erlebte Kirsten Walther, wie er laut aufstöhnte und klagte, er werde die Erwartungen nicht erfüllen können. Er klammerte sich verzweifelt an die Hebammentasche auf seinem Schoß und auf Ballings freundliches „Wollen wir?“ fuhr er zusammen, erhob sich, als würde er zum Schafott geführt, holte tief Luft, richtete den Körper auf – und spielte seine Szene genau wie sie sein sollte. Er war eben von der alten Schule, wie Balling einmal sagte: fleißig, pflichtbewusst, pünktlich und die ganze Zeit nervös, ob er auch gut genug sei. Dieser Zweifel, diese Angst seien die ewige Geißel eines Künstlers. Wenn Poul das Gefühl hatte, dass es nicht richtig lief, wurde er gereizt und manchmal jähzornig. Dann wünschte er alle zum Teufel. Aber wenn es lief, schäumte er über vor Glück. Dann konnte es passieren, dass er dem gesamten Team überschwängliche Postkarten schrieb, wie sehr er sie alle liebe. Alle Wörter unterstrichen, mit tausend Ausrufezeichen und einem Bild von Kjeld mit Tasche.

20 Das Königliche Theater

Nun wollte ich also schnell für drei Monate nach Oslo und danach nach Hause und die Oper erobern! Aus Letzterem wurde nichts, denn in diesen drei Monaten gelang es mir, wieder zu vergessen, was Anna Gramegna mir in einem knappen Jahr beigebracht hatte. Lassen Sie mich erwähnen, dass unser großer Tenor zu jener Zeit – Stefan Islandi – fünf, sechs Jahre in Italien studiert hatte. Wir hätten ein paar Jahre länger in Rom bleiben sollen, aber dafür war kein Geld da.

Auf dem Weg nach Oslo legte ich am Königlichen Theater eine Prüfung ab. Ich sang ein paar Arien aus Tosca, und auch wenn man nicht gerade überschäumte vor Begeisterung, wurde ich engagiert. Nun war ich Opernsänger. Ich war glücklich.

Am anderen Morgen fuhr ich nach Oslo und begann mit den Proben zu „Der Graf von Luxemburg". Ich wurde in einem schönen Hotel am Stadtrand einquartiert, wir hatten einen Monat Probe und es lief eigentlich nicht schlecht. Meine norwegischen Kollegen waren lieb und nett zu mir und doch war die Premiere mit einigen Schwierigkeiten verbunden. Zehn Minuten vor Vorstellungsbeginn klopfte nämlich der Intendant an meine Garderobentür und sagte: „Ich denke, Sie sollten wissen, dass ich das Theater schließen muss, wenn es kein Erfolg wird." Starker Tobak, kurz bevor man in einem fremden Land auf die Bühne soll. Das Schicksal und die vielen dänischen Freunde, die sich wie immer eingefunden hatten, meinten es jedoch gut mit mir. Es wurde ein großer Erfolg – für das Theater und für mich und ich verbrachte herrliche Monate in Oslo.

Frisch heimgekehrt, begannen in Kopenhagen die fünfzehn Jahre, die ich an dem schönen alten Königlichen Theater engagiert sein sollte. Ich freute mich und das Theater enttäuschte mich nicht – ich aber sicher das Theater.

Die Stimme, mit der ich ein paar Monate vorher meine Prüfung abgelegt hatte, war fast wieder in dem Zustand, in dem ich in Italien angefangen hatte. Das war nicht besonders schön, aber das Theater nahm es hin. Ich durfte viele kleine, meist komische Rollen singen und bewältigte das sehr gut. Sie rechneten sicher damit, dass meine Stimme bald wiederkommen würde, aber das passierte nicht. Dafür hatte ich meinen Platz im Opernrepertoire gefunden.

Am Anfang war das Theater enttäuscht, dass sein neuer Tenor niemals die großen, anspruchsvollen Partien singen würde. Ich selbst ging fast kaputt daran, es war entsetzlich, nicht ihren Erwartungen zu entsprechen, ganz zu schweigen von meinen eigenen Träumen, die sich in Luft auflösten. Eine schreckliche Zeit! Es ist furchtbar zu wissen, dass man eine gute Stimme hat, aber nicht in der Lage ist, sie zu benutzen. Wäre ich doch nur ein paar Jahre länger in Rom geblieben.

Allmählich beherrschte ich jedoch die kleinen, heiteren Charakterrollen und gewöhnte mich an den Gedanken, mir wohl mit ihnen Geltung zu verschaffen. Auf der Titelseite einer Zeitung hieß es damals über meine kleine, aber schöne Rolle in „Boris Godunow“ so wunderbar: „Man gebe Poul Bundgaard pro Vorstellung nur eine Viertelstunde – und er hat sich seinen Erfolg gesichert.“ Das ging mir runter wie Öl, nun traute ich mich wieder, meinen Kollegen in die Augen zu schauen. Unser Kapellmeister in diesem Stück war der berühmte Dirigent Jerzy Semkow, einem Anhänger strenger Disziplin. Er wurde vom Kapellregisseur an seinen Platz im Orchestergraben geleitet. Ein pompöser Anblick: Erst kam Semkow und zwei Schritte hinter ihm der Kapellregisseur mit des Kapellmeisters Jacke über dem Arm. In den Monaten unserer Proben hatte er uns unglaublich herumkommandiert – ohne jedes Lächeln. Das wurde mir irgendwann zu viel. Ich begegnete ihm mit Respekt, wollte mich seinetwegen aber nicht verbiegen. Ich verhielt mich wie immer, korrekt, aber mit einem Schuss Humor. Erst funkelte er mich böse an, dann ging er dazu über, mich wie einen Idioten zu behandeln. Nach ein paar Wochen geschah das Wunder – er begriff, dass ich mich nicht über ihn lustig machte. Nach der Premiere kam er zu mir und lächelte: „Ich muss gestehen, am Anfang konnte ich Sie nicht ertragen, aber jetzt geht es. Und im Übrigen – Glückwunsch zum Erfolg!“

Poul Reichhardt sagte einmal, als er gerade an das Königliche Theater gekommen war: „Man hört immer, hier würden alle mit gewetzten Messern herumlaufen, und dann kommt man her und merkt – es stimmt!“ Na ja, er lachte dabei. Ich für meinen Teil kann nur sagen, dass ich keinem Messer begegnet bin. Nun stellte ich aber auch für niemanden eine Gefahr da. Wir Opernleute waren eine schöne Gemeinschaft, wir mochten uns und hatten Spaß – in der Arbeit und privat. Natürlich gibt es immer jemanden, den man besser leiden kann als andere, und wenn es da ein paar gegeben haben sollte, die da nicht reinpassten, weiß ich das nicht mehr, ich kann mich heute nur noch an das Gute erinnern.

Meine erste Rolle an diesem Haus war ganz klein, ich war der Begleiter des Herzogs in „Wie es euch gefällt“. Es lief gut, obwohl nur wenige überhaupt wussten, dass ich mit dabei war.

Ich wollte das ehrwürdige Theater gern kennenlernen und durchstreifte es in den ersten Tagen wieder und wieder. Ich glaube, viele Außenstehende wissen gar nicht, wie viele Räume und Säle es dort eigentlich gibt. Um einmal durchs ganze Haus zu kommen, brauchte ich mehrere Tage. In einem großen Raum stand ein Riesenflügel.

Ich setzte mich, spielte und sang aus vollem Halse. Plötzlich ging die Tür auf – und wer sah mich streng an? Poul Reumert (*der berühmteste dänische Schauspieler seinerzeit*). Ich bat vielmals um Entschuldigung, worauf Reumert erwiderte: „Sie sind also von der Oper, so, so, dann machen Sie nur weiter. Meine Frau Anna interessiert sich ja sehr für diese Kunstart." Dann schloss er die Tür und verschwand. Ich klappte den Flügel zu und schlich mich schnell an Reumerts Garderobe vorbei, die genau gegenüber vom Opernraum lag.

Später habe ich oft mit diesem großen Künstler gesprochen. Er war ein sehr freundlicher Mann. Einmal zeigte er mir eine ganze Stunde lang seine Garderobe. Das war ein einmaliges Erlebnis, jeder Gegenstand hatte seine eigene Geschichte. Mit der Zeit redete er sich warm und berichtete die unglaublichsten Dinge. Er erzählte, wie er die Deutschen gehasst hatte, und zeigte dabei auf eine große, dicke lederne Peitsche: „Die hing während des Krieges immer neben unserer Eingangstür. Wenn die Deutschen gekommen wären, hätte ich zugeschlagen. Die sollten es zu spüren bekommen." Er wies auf einen schönen Schreibtisch: „An diesem Tisch wurde der Versailler Vertrag unterschrieben." Schließlich blieb er bei einem Foto von Bodil Ipsen stehen (*dänische Schauspielerin, gemeinsam mit Bodil Kjer Namensgeberin des höchsten dänischen Filmpreises*): „Sie war eine große Schauspielerin, aber einfach war sie nicht." So ging es immer weiter, und ich lauschte und lauschte, und nach einer Stunde verabschiedete er mich. Ich schlich mich in den Raum mit dem großen Klavier, aber ich spielte nicht, ich saß einfach nur da und verdaute.

Während der Besatzung kam Reumert einmal aus dem Theater, als gerade eine Riesenkolonne mit deutschem Militär vorbeizog. An der Spitze marschierte ein Orchester, das sich sie Seele aus dem Leib blies. Reumert bahnte sich durch sämtliche Reihen seinen Weg, bis er von einem der nachfolgenden Ordnungshüter verhaftet wurde. Vor Gericht fragte ihn der Richter, warum er sich da durchgedrängelt habe, er müsse doch wissen, dass das ungesetzlich sei. Reumert verbeugte sich tief und antwortete: „Herr Richter, ich habe keinen gesehen!"

Ich selbst erlebte mit ihm folgende Episode: Wir feierten den runden Geburtstag einer Kollegin. Während des Festes musste ich raus, um Wasser zu lassen, und fand auf der Toilette einen Mann über einem Blatt Papier in tiefe Lektüre versunken. Er fühlte sich ertappt und wollte es in der Jackentasche verschwinden lassen, sah aber ein, dass das unmöglich war, und nahm die Sache nun von der heiteren Seite: „Tja, Bundgaard, ich lerne eine Rede auswendig, die ich zu Hause geschrieben habe und die ich gleich für die Kollegin halten soll. Und lernen Sie daraus: Eine unvorbereitete Rede wird am besten, wenn sie gut vorbereitet ist." Das war der große Reumert. Zurück an der Tafel schlug er an sein Glas und hub an: „Ja, meine Damen und Herren, ich wollte heute eigentlich keine Rede halten, es stünde eigentlich so vielen anderen zu, aber ..." und dann strömten die Worte nur so aus ihm heraus. Das habe ich seitdem genauso gehalten, er hat ganz entschieden Recht.

Eine Rolle übernahm ich von meinem Freund Poul Reichhardt, die ich fortan noch sehr häufig spielen sollte, das war der Leichtmatrose in „Pinafore". Der große John Price war der Schiffskapitän und stützte sich immer, wenn er sang, auf meinem Bauch ab, der schon damals einen stolzen Umfang hatte. Ein Spaß für die Leute – und für mich. Price war mir ein guter Mann, er glaubte an mich als Schauspieler und half mir auf meinem Weg voran.

Eines Abends klingelte bei uns das Telefon, ich nahm den Hörer ab und ein Herr sagte: „Hier der König." Ich antwortete erst nicht, sagte dann aber: „Ja, schön, und mit wem spreche ich nun?" Lange Rede, kurzer Sinn: es *war* König Frederik IX. Er wolle mir nur sagen, dass ich ein Wort in dem Stück falsch ausspräche, und zwar „Fockmast". Ich entschuldigte mich vielmals, worauf der König nur sagte: „Alles in Ordnung!"

Als meine Frau einige Jahre später Ritter des Dannebrog wurde, unterhielt sich Seine Majestät ein paar Minuten mit ihr und bemerkte zum Schluss: „Hat Ihr Mann inzwischen gelernt zu telefonieren?" Er war ein guter König, auch für das Theater, und saß oft in unseren Vorstellungen. Er war sehr musikalisch und verfolgte bei Opernaufführungen in seiner Partitur, ob wir alles richtig machten. Bevor wir auf die Bühne gingen, fragten wir immer, ob „er" da wäre.

Als ich in der Oper „Fête Galante" den dicken Abt spielte, kam der Regisseur eines Tages während der Probe auf die Bühne und sagte: „Du, Bundgaard, drück deinen Watton mal flacher, so einen dicken Bauch hat keiner." Ich versprach, dafür zu sorgen. Ich wahrte das Gesicht, hatte aber Mühe – ich trug ja keinen Watton, das war mein eigener Bauch.

Der Chor und ich hatten viel Spaß. Unseren Opern gaben sie lauter neue Namen. Beispielsweise „Rigoletto oder: Borsa liegt auf der Lauer".

Borsa spielte ich. Die „Fête Galante" nannten sie auch „Der lüsterne Abt". Der Abt war ich. In der „Zauberflöte" sang ich den Mohr, und so dichteten sie „Die Zauberflöte oder: Bundgaard ist heute geschminkt". Es war sehr lustig mit ihnen.

Für die anderen mit Poul auch. Von Ove Verner Hansen, der nicht nur das Dumme Schwein in der Olsenbande, sondern auch Opernsänger am Königlichen Theater war, ist folgende Anekdote überliefert: Im Saal hört man Gemurmel der Zuschauer. Das Orchester stimmt die Instrumente. Der König tritt ein. Das Publikum erhebt sich von den Plätzen. Der Gongschlag ertönt. Die Ouvertüre beginnt. Ove Verner steht andächtig hinter den Kulissen bereit. Dort herrscht Gedränge. Plötzlich hört man Hilferufe und unartikulierte Laute „Momomomom ... mimimimimi ..." Ein gewaltiger Mensch stürzt blind durch die Gänge und fegt die Menschenmenge mit dem Klavierauszug in seiner Hand zur Seite. Ein verzweifelter Garderobier versucht, dem Tenor die letzten Gewänder anzulegen, während dieser brüllt: „Aus dem Weg! Achtung! Ich muss raus!" Eine Stimme aus der Menge: „Entspann dich, Poul! Das ist in zehn Minuten. Die müssen erst die Ouvertüre fertig spielen." „Oh Gott", der Tenor sinkt gleich neben dem Bühneneingang auf einem Stuhl zusammen, „dabei war ich gerade so schön in Stimmung!"

Nach einigen Jahren als Opernsänger ernannte mich das Theater auch zum Schauspieler. Ich bekam viele gute Rollen und hatte das Glück, auch Shakespeare und Dario Fo spielen zu dürfen, um nur zwei zu nennen.

1959 sang ich in der Oper „A Dinner Engagement". Zum Glück bekam ich gute Kritiken. Die brauchte ich auch dringend. Ich hatte in dem Jahr von der Substanz gezehrt. Beim Sprung vom Operettenhelden zum Königlichen Operntenor standen mir zu viele Hürden im Weg. Erst war ich ein Jahr lang in der Sonne des Südens, dann kam ich nach Norwegen und wohnte in einem Hotel im Hochgebirge. Ich glaube, dieser Klimawechsel von der Wärme zur dünnen kalten Luft war für meine Stimme zu heftig gewesen. Ich litt oft unter Stirn- und Kieferhöhlenentzündungen. Zum Schluss bekam ich Asthma. Mir gelang es gerade noch, meinen „Italiener-Tenor" bei einem Konzert in Ålborg einzusetzen, wo man sehr nett über mich schrieb. Ich hatte eine schlimme Saison. Wenn man bedenkt, dass mir die kleinen Arien in „Wie es euch gefällt" Mühe bereiteten, dann konnte da etwas nicht stimmen.

Für das Fernsehtheater synchronisierte ich erfolgreich die Gesangspartie eines Kollegen in „Das Dreimäderlhaus“, sodass er nur die Lippen zu bewegen brauchte. So etwas habe ich nie wieder gemacht, es ist furchtbar unbefriedigend. Umso mehr, als ich ein paar Jahre später selbst diese Rolle am Theater in Århus spielte.

Trotzdem sollte ich mein eigentliches Debüt am Theater bekommen, und zwar als Pedrillo in Mozarts „Entführung aus dem Serail“. Das hat die Zuschauer zwar nicht umgehauen, aber zumindest kam ich gut durch.

Mit Freude verabschiede ich mich nun vom Jahr 1959. Das war so ziemlich die Hölle, rein gefühlsmäßig. Stellen Sie sich vor, Sie sind in Italien und träumen davon, dass Sie Ihren Leuten zu Hause im alten Dänemark nun aber mal zeigen werden, wie man richtig Opern singt. Na, gute Nacht! Ich weiß, dass ich von verschiedenen Krankheiten gesprochen habe, aber wenn ich ganz ehrlich sein soll, und das will ich, dann war der Grund der, dass ich Italien genau zu dem Zeitpunkt verließ, da ich die letzten Feinheiten der Stimmführung hätte erlangen können. Ich hätte dort mindestens drei Jahre bleiben müssen, dann hätte es vielleicht geklappt.

Wenn ich damals so etwas wie Bitterkeit über mein Schicksal als verhinderter Tenor empfand, so ist die heute längst verschwunden. Nicht viele Menschen auf der Welt haben so ein schönes Leben wie ich, ich habe Glück, und das weiß ich. Aber 1959 konnte ich nicht wissen, was das Schicksal für mich bereithielt, da tat ich mir einfach nur leid.

21 Familienzuwachs und Farinelli

Das Königliche Theater ist mit „Es war einmal" auf Sommer-Tournee. Ich spiele den Sänger, stehe hinter ein paar Bäumen und besinge eine duftgeschwängerte Nacht, da steht plötzlich ein Mann in Dienerlivree hinter mir und zupft an meinem Ärmel. Ich zische: „Hör auf, Mensch, wir sind mitten in der Vorstellung!" und singe weiter. Er geht nicht weg: „Aber ich habe eine wichtige Nachricht für Sie. Ein Anruf aus Kopenhagen – Sie haben eine Tochter!" Stellen Sie sich vor, ich singe gerade „Schau, die Nacht ist schwanger", und Bente schenkt mir eine kleine, entzückende Tochter: Helle. Nach der Vorstellung riefen Poul Reichhardt und ich in der Klinik an, um die Bestätigung einzuholen und unsere besten Grüße an Bente zu übermitteln. Ich spendierte allen Mitwirkenden ein Bier und eilte nach Kopenhagen, um meine Tochter zu sehen und Bente zu danken. Es war der 5. Juli, zwei Tage vor dem Geburtstag des großen Bruders Steen.

In der Zeit meines „gesanglichen Niedergangs" erhielt ich einen gewaltigen Schub nach vorn. Man gab mir die Hauptrolle in der Fernsehoperette „Farinelli". Die sollte für mich ein Wendepunkt in meinem Leben werden!

Und das Fernsehen bewältigte seine in szenischer und technischer Hinsicht bisher anspruchsvollste Aufgabe. Insgesamt zweihundert Personen waren daran beteiligt. Ausstrahlungstermin war Sonntag, der 8. Januar 1961. An den Abend erinnere ich mich noch wie heute. Wie üblich, war die ganze Familie bei Bente und mir versammelt. Ich war nicht so richtig auf dem Damm und ging spazieren, um wieder zu Kräften zu kommen. Ich meinte, ich müsse mindestens eine Grippe haben.

Je mehr der Abend voranschritt und die Stimmung in unserem Haus stieg, verschwand meine Krankheit wie von Zauberhand. Es waren einfach die Nerven gewesen. Am Ende der Operette wussten wir zumindest, dass es kein Fiasko geworden war. Alle freuten sich und ich war glücklich. Fünf Minuten nachdem wir den Fernseher ausgeschaltet hatten, setzte ein wahrer Telefonsturm ein und eine Flut an Telegrammen brach herein. Endlich hatte ich zeigen können, dass ich gut war.

Er war nicht nur gut. Er war göttlich. Presse und Kritik überschlugen sich vor Begeisterung. Und beim Dänischen Fernsehen liefen die Telefone heiß. Die Zuschauerinnen und Zuschauer wollten die Operette unbedingt noch einmal sehen.

Ein paar Tage später lud mich das Fernsehen zu einem kleinen Umtrunk ein. Man hielt Reden und versprach mir viele neue Rollen im Fernsehen. Na, gute Nacht, es sollten Jahre vergehen, bevor man mich wieder besetzte.

Die Farinelli-LP, die Poul später aufnahm, verkaufte sich bereits im ersten Jahr 30 000 Mal und schlug damit „Alley Cat" (Schwarzer Kater Stanislaus) von Bent Fabricius-Bjerre. Mit weiter steigenden Verkäufen bekam er für „Farinelli" schließlich 1970 eine Goldene Schallplatte.

Als kleines Kuriosum will ich hier noch anfügen, dass ich einfach Glück hatte, die Rolle zu bekommen. Ursprünglich hatte man Poul Reichhardt gefragt, aber er lehnte ab, weil er die Lieder zu schwer fand. Wieder einmal verbanden sich Pouls und mein Schicksal. Wir kamen beide aus Vesterbro, wir hatten beide gute Jahre in Nørrebro, wir kamen beide ans Königliche Theater, wir arbeiteten beide für den Film – obgleich ich nicht annähernd so viel wie er –, wir heirateten beide ein hübsches Mädchen vom Ballett. Und wir wussten, dass das Leben es gut mit uns meinte.

Bei einem Film arbeitete ich unter der Regie von Erik Balling, das war „Poeten og Lillemor i forårshumør" *(Fortsetzung von „Einesteils der Liebe wegen"*). Ich war Geselle bei Bäckermeister Dirch Passer (*Komikerkönig*) und hatte mit ihm in der Backstube einen kleinen Sängerwettstreit, wer mit seiner Stimme am höchsten käme. Im Film gewann er und – das sei hier verraten – auch privat. Sein letzter Ton war wirklich sehr hoch, ich musste aufgeben. Danach lachte er: „Na, Poul, war das hoch?" Das konnte ich ihm nur voller Beschämung bestätigen. Er sang einen Ton höher als das hohe C!

1962 wurden Bente und ich geschieden, aber – und das ist wichtig – als Freunde. Wir hatten uns einfach auseinandergelebt. Unsere Ehe hatte zwölf Jahre gehalten und es waren zwölf schöne Jahre, für die ich ihr sehr dankbar bin. Das war nicht diese alte Geschichte á la „Meine Frau versteht mich nicht", nein, wir gingen aus gemeinsamem Entschluss jeder seiner eigenen Wege. Wir hatten zwei Kinder und die sollten keine Scheidungskinder werden, darüber waren wir uns einig, unsere Trennung sollte nicht auf ihre Kosten gehen. Bente heiratete wieder, aber ich hielt noch eine Zeitlang stand.

Eine Epoche war zu Ende.

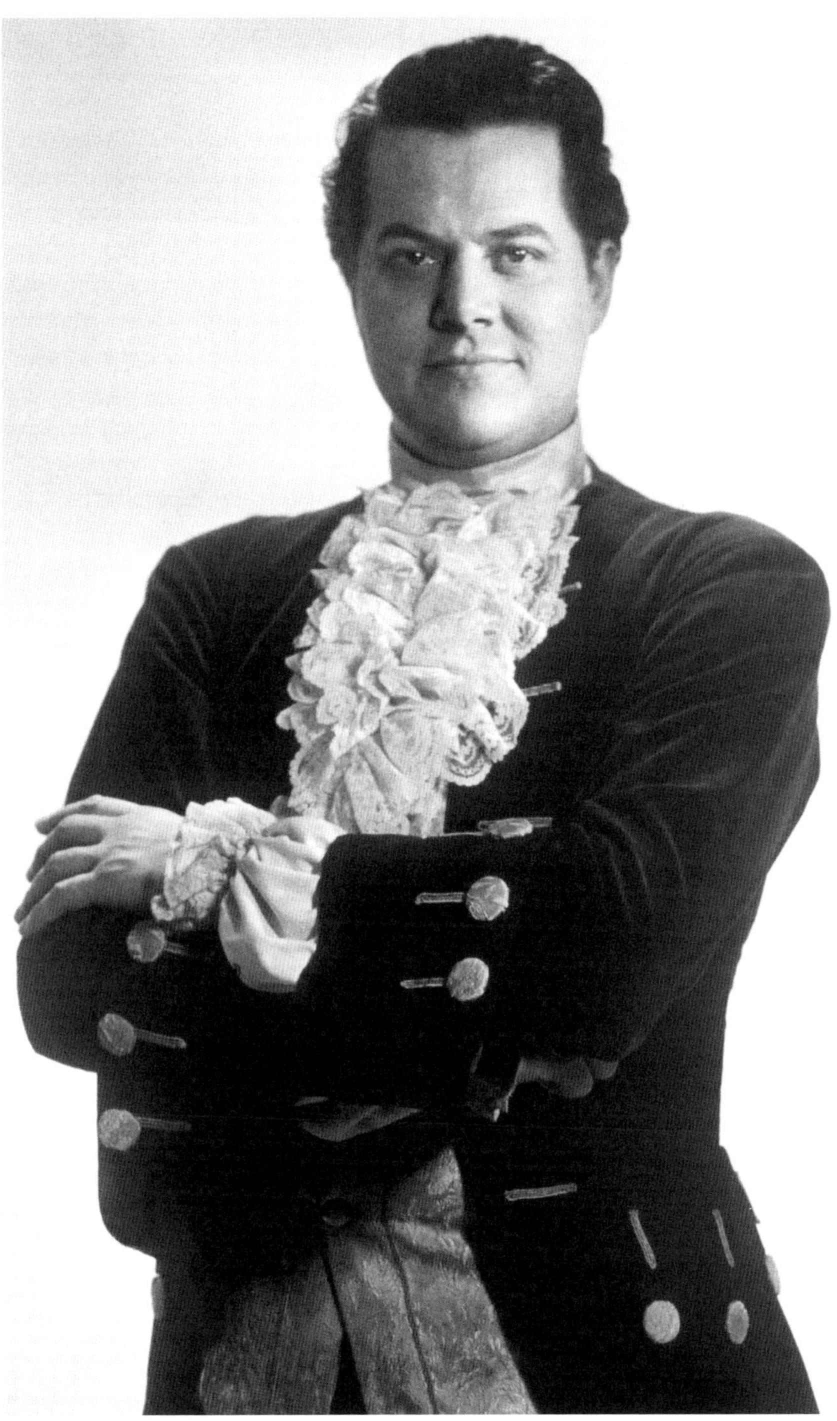

Die Titelrolle in der Fernsehoperette „Farinelli" von 1961.
(Foto: Rigmor Mydtskov/Huset Mydtskov)

22 Kirsten

Die nächsten Monate erging ich mich in Selbstmitleid. Wo nun alles so gut lief, war man auf einmal geschieden.

Eines Tages traf mich der Blitz. Ich war völlig unvorbereitet, wusste aber sofort, das war ernst, was ich gerade erlebte. In unserem alten Theater hatte ich mir angewöhnt, beim Ballett oben im dritten Stock Mittag zu essen. Ich war ja auch in der Hinsicht kein Kostverächter und unter diesen süßen Mädchen schmeckte das Essen gleich noch mal so gut. Zwischendurch wagte sich immer mal wieder eine junge Solotänzerin aus ihrer vornehmen Garderobe im vierten Stock zu uns hinunter.

Das war Kirsten Petersen. Wir hatten also wirklich schon einige Jahre an einem Tisch gesessen und unsere Brote gegessen, ohne das Geringste dabei zu empfinden. Als ich plötzlich alleinstehend war, geschah das Unerklärliche: Der Blitz schlug ein – in uns beide. Kirsten saß immer da und stopfte ihre Ballettschuhe. An diesen Anblick hatte ich mich schon regelrecht gewöhnt, es war gemütlich und angenehm beruhigend, aber nichts weiter. Doch an diesem besonderen Tag bat sie, ob sie ihre müden Ballettfüße auf meinem Bein ausruhen dürfe. Nichtsahnend sagte ich natürlich ja. Um mir sozusagen die Zeit zu vertreiben, betrachtete ich den winzig kleinen Fuß, der auf meinem Knie lag.

Und plötzlich machte es PENG – ich war verliebt.

Wie gut, dass Kirsten zu diesem Zeitpunkt schon ihre Meinung über ihn geändert hatte. Denn als Poul jung war, fand sie ihn blasiert und überheblich und lachte, wenn sie ihn in der Stadt mit langem Mantel und Seidenschal anstolzieren sah. Er war ganz und gar nicht ihr Typ. Als sie sich aber am Königlichen Theater begegneten, war er nicht nur etwas fülliger geworden, nun gefiel er ihr auch.

Irgendwann nahm ich all meinen Mut zusammen und fuhr mit Kirsten zu ihrer Tante und ihrem Onkel, Menna und Poul. Ich hatte vorher bei Onkel Poul angerufen und angekündigt, Kirsten und ich würden nach der Vorstellung zu einem kleinen Nachtimbiss zu ihnen kommen. Ich trug einen Smoking, denn das, was ich Kirsten fragen wollte, war so wichtig, dass ich alle Register ziehen musste. Nach ein paar Heringshappen hielt ich es nicht länger aus, schlug ans Glas und erhob mich. Kirsten sah mich verwundert an, mit fragendem Blick, ob ich vielleicht einen Schnaps zu viel getrunken hatte. Hatte ich nicht, im Gegenteil, nie war ich so klar wie in diesem Augenblick.

Und so begann ich: „Mein liebes kleines Mädchen, du weißt, dass Bente und ich in würdigem Einvernehmen auseinander gegangen sind und sie nun mit ihrem Jørgen zusammenwohnt. Du weißt auch, dass sie mir erlaubt hat, das Sorgerecht für meinen Sohn Steen zu bekommen. Meine geliebte kleine Tochter Helle wohnt jetzt bei den beiden. Ich vermisse sie, aber so ist es nun mal. Deshalb frage ich dich, glaubst du, du kannst und willst für Steen eine gute Mutter sein? Wenn du die Verantwortung nicht auf dich nehmen willst, habe ich nichts weiter zu sagen."

Kirsten sah mich mit ihren schönen blauen Augen, die nun voller Tränen waren, an: „Ich weiß nicht, was du mit der Frage meinst, aber ich liebe Steen, das weißt du doch, und ich empfinde schon für ihn, als wäre ich seine Mutter!" „Gut", erwiderte ich, meine Stimme war belegt, „dann frage ich dich nun, ob du ihn – und mich – haben willst, ich meine für immer?"

Erst da begriff Kirsten, was los war. Ich hatte um ihre Hand angehalten! Ihre Augen strahlten, sie sprang auf, umarmte mich überschwänglich und sagte endlich, was ich so gern hören wollte: „Ja, lieber Poul."

„Das muss gefeiert werden", sagte Onkel Poul, „wir gehen ins Adlon!" Wir machten, dass wir loskamen, und saßen wenig später in dem Nachtlokal. Poul forderte Kirsten zum Tanz auf und legte mit ihr eine flotte Sohle aufs Parkett. Nachdem sie ein paar Minuten getanzt hatten, klopfte der Geschäftsführer Onkel Poul leicht auf die Schulter: „Lieber Herr Jespersen, ich persönlich habe nichts gegen neue Sitten, aber ... es sieht schon ein bisschen komisch aus, wenn Sie in Hausschuhen tanzen!" Poul hatte es so eilig gehabt, dass er vergessen hatte, seine Pantoffeln auszuziehen. Der „Pantoffelheld" hielt sofort inne und brachte Kirsten mit roten Ohren an unseren Tisch zurück. Poul war das peinlich, aber ich beruhigte ihn: „Ach, alter Junge, das bedeutet nur noch mehr Glück für Kirsten und mich!" Ich weiß nicht, vielleicht liegt es wirklich an den Pantoffeln, dass wir so glücklich sind.

Nach ein paar Stunden brachen wir auf, bedankten uns bei Menna und Poul, und dann konnte ich es nicht länger erwarten, meinen Eltern die Nachricht zu überbringen. An ihrem Haus in der Dannevirkegade 27 angekommen, es war mittlerweile zwei Uhr morgens, klopfte ich an ihr Schlafzimmerfenster. Kurz darauf ging das Licht an und meine Mutter fragte ängstlich, wer da sei. Ich rief zurück: „Hier ist dein kleiner Sohn, der euch eine frohe Botschaft überbringen will." Wenig später saßen wir am Esstisch und ich „präsentierte" Kirsten! Es wurden schöne, warme Stunden und Vater und Mutter wünschten uns alles Glück auf unserem Weg. Meinen lieben Eltern war es vergönnt, vierzehn gute Jahre mit uns zu erleben.

Sie hatten Bente geliebt und überschütteten nun „die Neue" des Sohnes mit ihrer Liebe, ja, es ist nicht zu viel gesagt – sie vergötterten Kirsten geradezu.

Am nächsten Vormittag fuhren wir zu Kirstens Eltern. Sie baten uns freundlich herein und kurz darauf waren wir wieder am Esstisch versammelt. Kirsten sagte: „Ja, liebe Eltern, Poul und ich sind am selben Theater und haben ein Jahr lang zusammen Mittag gegessen. Da wir scheinbar gut zusammen essen können, haben wir beschlossen, das für den Rest unseres Lebens weiter zu tun."

Ihre Eltern waren still, sie sagten kein Wort. Kirsten wurde schon nervös und fragte, ob sie uns denn nicht gratulieren wollten. Da kam wieder Leben in die beiden und sie wussten gar nicht, was sie uns alles Gutes für die Zukunft wünschen sollten. Holger und Gerda wurden meine engen Freunde und auch ihnen hatte das Schicksal viele gute Jahre mit uns vorbestimmt. Zum Glück und zu meiner großen Freude mochten sich meine Schwiegereltern und meine Eltern.

Die Erinnerung an diesen Abend haben wir oft hervorgeholt und ihn wieder und wieder durchlebt. So einfach und schön kann sie über uns kommen, die Liebe, eines der größten Geschenke, die uns Menschen gegeben sind. Was sich damals aber wie ein Blitz anfühlte, war nur ein zartes Flämmchen gegen das, was wir heute füreinander empfinden. Es gibt nichts Schöneres und Wärmenderes als zu wissen, dass da jemand ist, der einem das Leben so schön wie möglich machen möchte. Das können viele gar nicht würdigen, glaube ich, man zankt und bekriegt sich, man schimpft, man hasst. Wenn wir Menschen doch nur verstünden, in unseren Partnerschaften die kleine Flamme der Liebe, die man einmal gemeinsam entzündet hat, zu behüten und zu beschützen, dann wäre der erste Schritt getan und man würde vielleicht beginnen, das Leben zu leben, so wie es uns geschenkt wurde.

Und dann wurden Bente und ich gesetzlich geschieden. Sie war am Vormittag bei uns. Es gelang uns, dem Ereignis des Nachmittags hell und menschlich entgegenzusehen. Bente hatte sich in der Schweiz das Bein gebrochen und kam mit einer gewaltigen Gipsbandage, sodass ich sie die Treppen zum Scheidungsbüro hinauf- und hinuntertragen musste.

Und dann geschah etwas Wunderbares. Mit Blick auf unsere Kinder brachte ich Bente und Kirsten einmal zu einem Treffen zusammen. Ich war als Blitzableiter dabei, war aber gar nicht nötig. Sie sprachen ein paar Stunden freundlich miteinander und entwickelten allmählich eine Art Kameradschaft. Mit der Zeit wurde sie immer stärker und schließlich zu einer echten Freundschaft. Das werde ich nie vergessen, und bevor Bente starb, konnte ich ihr zum Glück noch danken – auch dafür.

In diesem Leerraum nach der Scheidung pflegten Oper und Ballett eine „Zusammenarbeit“, die ihresgleichen sucht. Wer hätte das geahnt?

Am 18. März 1936 wurde ein kleines hinreißendes Mädchen geboren, dem es vorherbestimmt war, Tausende von Menschen zu erfreuen – ganz zu schweigen von mir.

Das konnte man aber natürlich nicht gleich wissen. Und in Hellerup gab es einen lieben, artigen Jungen von dreizehn Jahren, der große Träume hatte und jeden Abend zu den Sternen hinaufsah, ehe er brav ins Bett ging. Oft wünschte er sich, selbst so einen Stern zu besitzen. Er wusste nicht, dass sein Stern am 18. März geboren wurde. Selbst wenn man es ihm gesagt und ihm das kleine Mädchen vielleicht sogar gezeigt hätte, hätte er nichts verstanden, er mochte keine Mädchen – damals.

Das Mädchen bekam den Namen Kirsten Petersen. Als Kirsten fünf Jahre alt war, stellte man fest, dass sie ein bisschen schwach auf den Füßen war. Deshalb kam sie in den Tanzunterricht von Freddie Petersen und holte sich einen schönen ersten Preis für ihren ersten Solotanz. Das brachte ihre stolzen Eltern auf den Geschmack und so begleiteten sie Kirsten 1943 zur Aufnahmeprüfung für das Königlich Dänische Ballett. Wie sich zeigte, war Kirsten die einzige mit kurzen Haaren und Kostüm. Alle anderen Mädchen trugen schöne, lange Kleider und ihr Haar zu hübschen, langen Korkenzieherlocken frisiert. Ein schlechter Start, zumal nur sieben Mädchen und sechs Jungen von zweihundertvierzehn hoffnungsvollen Sprösslingen angenommen wurden. Aber Kirsten war dabei. Das war ihr erster Sieg an diesem alten Theater. 1943 spielte sie dann auch schon im Ballett „Neapel“ mit und sah Margot Lander die Hauptrolle tanzen, die Partie, für die sie später selbst so viel Lob bekommen sollte.

Während des Krieges verhalf ihr Vater dänischen Juden zur Flucht nach Schweden. Die Familie musste sich in Stege auf Møn in Sicherheit bringen. Dann kam der Frieden und Kirsten kehrte zum Ballett zurück.

Was tat ich selbst in dieser Zeit? Ich war als Freiheitskämpfer in Vesterport einquartiert und betreute deutsche Flüchtlinge. Zu meiner Schande muss ich gestehen, dass ich kein Interesse an Ballett hatte, das erwachte erst, als ich hinter der Bühne stand und sah, was für schöne Beine Kirsten Petersen hatte.

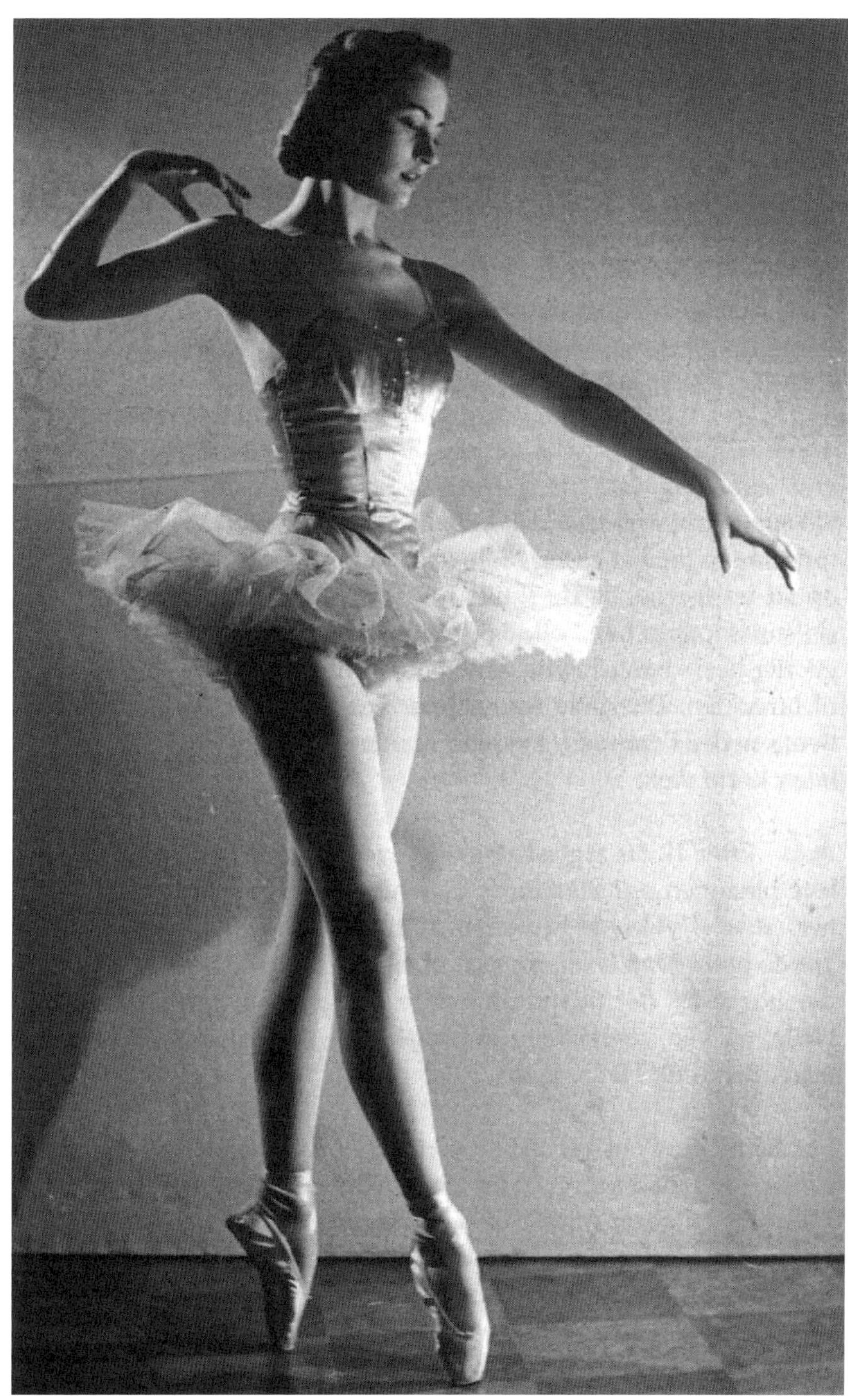

Kirsten als Königliche Solotänzerin.
(Foto: privat)

Mit vierzehn Jahren debütierte sie als Schäferin in „Die Schäferin und der Schornsteinfeger“ und bekam gute Kritiken. Es folgten zwei Jahre Kandidatenzeit mit Knochenarbeit und Schinderei, aber da legte sie den Grundstein für ihre so oft gelobte blendende Technik. Als Achtzehnjährige musste sie beweisen, dass sie würdig war, im Ballett fest angestellt zu werden. Sie tanzte mit einem Kollegen das Pas de Deux aus „Don Quichote“. Danach geschah etwas, was man nur selten erlebt: Sämtliche Prüfer klatschten begeistert. Kirsten bekam ihr festes Engagement.

In Edinburgh tanzte sie die weibliche Titelrolle in „Romeo und Julia“. Die Kritiken waren geradezu märchenhaft. Da hieß es beispielsweise: „Eine Ballerina ist geboren!“ Während ich 1957 in Rom studierte, wurde sie zur Königlichen Solotänzerin ernannt. Und keiner hat mir das telegrafiert!

1961 bekam sie die Hauptrolle in den „Études“ und feierte damit ein Jahr später in London große Erfolge. Später tanzte sie in London auch „Neapel“ und an der Metropolitan Opera in New York die „Julia“. Sie war zu Gastspielen in Amerika, Südafrika, Spanien, Italien, Belgien, Frankreich, Deutschland, England, Schottland, Schweden und Norwegen. Ja, sie ist wirklich weit herumgekommen und hat Flagge gezeigt.

Nach „Romeo und Julia“ kam unser größter Kritiker unter der Überschrift „Das Erwachen einer Primaballerina“ zu dem Urteil: „Diese Leistung verleiht ihr zu Recht einen Platz als große leuchtende Hoffnung im dänischen Ballett. Kirsten Petersen und Erik Bruun waren eine Schönheitsoffenbarung. Sie tanzte mit einem ganz persönlichen, wahrhaftigen Ausdruck. Das war außerordentlich schön und wirkungsvoll. Welche Süße und reine Jugend, welch lebendiges kleines Gesicht – und welch überlegene Technik schon jetzt!“

Lassen Sie mich diesen Abschnitt mit einer Kritik aus Amerika beenden: „Fräulein Petersen spielte die Julia mit gewinnender Jugendlichkeit und romantischem Gefühl. Es gelang ihr, tragische Würde mit lichtem Gemüt zu vereinen. Sie tanzte die Rolle sehr schön mit einem Schuss anmutiger Lyrik. Diese Julia – Kirsten Petersen – war wie die Antwort auf einen Traum, denn sie *war* Julia, die sich mit der zartesten Jungmädchensüße, furchtsam und eifrig, mit strahlenden Augen, leichtem Herzen und unglaublichem Liebreiz Hals über Kopf in das Wunder der ersten Leidenschaft stürzt. Fräulein Petersen ist nicht als Solotänzerin aufgeführt – sie ist einfaches Ensemblemitglied. Ihre Jugend und Schönheit, ihre wunderbare Frische sind ideale Eigenschaften für Julia. Henning Kronstam schien seine frühere bemerkenswerte Leistung noch zu übertreffen, denn Fräulein Petersens bebende Spannung brachte noch mehr gefühlsgeladene Seiten in ihm zum Vorschein. Die beiden waren das vollkommene Romeo-und-Julia-Paar. In keiner anderen Ballettaufführung dieses großen Dramas habe ich ein ergreifenderes Paar gesehen."

Über eine andere ihrer großen Partien, „Fräulein Julie", stand in der Zeitung: „Fräulein Kirsten Petersen fand einen brillanten Ausdruck für das Entzündete und erotisch Herausfordernde an diesem Gutsherrenkind. Und die große Szene nach Fräulein Julies Fall tanzte sie mit einem so furiosen, einem so rücksichtslosen Schmerz und einer Tragik, als erlebte man, wie die Leidenschaft selbst verblutet. Eine ganz große Leistung!"

Über das Ballett „Bluthochzeit" hieß es unter anderem: „Seit ihrem großen Edinburgh-Einsatz war Kirsten Petersen nicht mehr so besetzt worden, wie sie es verdient hätte. So wurde der Abend für sie ein großer Triumpf. Das meisterhafte Ballett wurde zur Vollkommenheit erhoben, und das beruht ausschließlich auf der Person der Solistin." Eine andere Zeitung stellte nach den „Études" schlicht und ergreifend fest: „Das war Kirsten Petersens Durchbruch als Primaballerina."

Dieser Durchlauf von Kirstens Leistungen und Kritiken musste mit in mein Buch. Wenn ich den Kindern und vielen anderen erzählt habe, welch eine gute Solotänzerin Kirsten war, hat man mir eigentlich nie so richtig geglaubt. Nun kann man es schwarz auf weiß lesen und wird es mir auch abnehmen, wenn ich sage, dass sie am Theater schlecht behandelt wurde - nicht zuletzt vom damaligen Ballettmeister. Kirsten verstand sich mit ihm nicht besonders gut, deshalb bekam sie kaum neue Rollen, was traurig war, für das Theater und sie, aber die Zeit heilt alle Wunden und sie lernte, damit zu leben.

Kirsten und ich mieteten ein neues Haus im Fuglegårdsvej in Gentofte. Dort wohnten wir die ersten beiden Jahre. Dann sagten wir uns, dass ein eigenes Haus doch günstiger wäre. Ich stieß auf eines in Gentofte und kaufte es. Am selben Abend machte ich mit Kirsten eine Spazierfahrt, um nach Häusern Ausschau zu halten, wie ich ihr sagte. Wir waren lange unterwegs, stiegen an etlichen Orten aus und sahen uns ein Haus nach dem anderen an. Zum Glück sagte ihr keines so richtig zu. Als wir an das Haus kamen, das ich gekauft hatte, war ich natürlich aufgeregt, ob es ihr auch gefallen würde. Sie war sofort begeistert. Wir schlichen auf das Grundstück, um es uns näher anzusehen. Das Schild „Zu verkaufen" hatte ich stehenlassen. An der Treppe zur Haustür flüsterte sie: „Nein, Poul, ich traue mich nicht weiter, stell dir vor, es ist jemand im Haus!"

Ich ging hoch, holte den Schlüssel unter der Fußmatte hervor, steckte ihn ins Schloss, drehte ihn herum – und öffnete die Tür. Kirsten war entsetzt, kam aber trotzdem gleich mit hinein. Es war dunkel, aber ich hatte am Nachmittag auf dem Fußboden Streichhölzer und eine große Kerze bereitgestellt und tat nun so, als würde ich sie zufällig entdecken. „Also, ich geh jetzt!“, sagte Kirsten. Da zündete ich schnell die Kerze an, sodass sie daneben die Flasche Champagner und das Schild sehen konnte: „Willkommen in deinem Haus, Kirsten!“ Oh, wie sie sich freute! Das Haus lag in Kærvangen und hatte einen hübschen kleinen Garten. Drei Jahre wohnten wir dort, und in der Zeit wurde Peter geboren.

23 Schubert im „Dreimäderlhaus“

Im selben Jahr durfte ich am Theater in Århus den Schubert im „Dreimäderlhaus“ spielen und hatte zum Glück großen Erfolg. Es machte sich gut, dass ich auf der Bühne selbst Klavier spielen konnte. Jedenfalls hatte ich dort eine schöne Zeit.

Auch mein Plattenverkauf lief jetzt gut. Da ich quer durchs Land reiste und auf Stadtfesten und in Vereinen auftrat, konnte ich für meine Platten Reklame machen, sodass sie weggingen wie warme Semmeln.

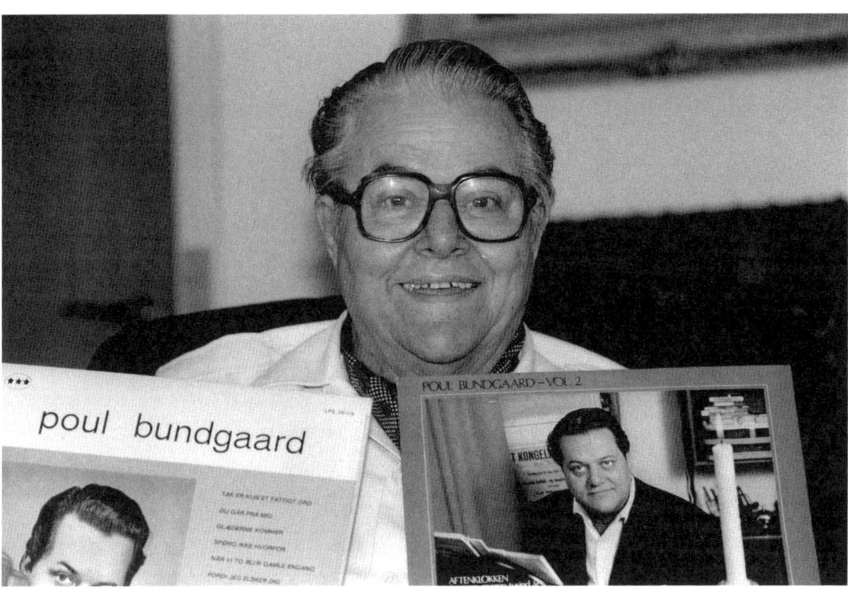

Zwei von sage und schreibe 150 Platten! (Foto: privat)

An eine Platte erinnere ich mich besonders, die hieß „Dybt i min drøm“ (*La Novia*) und schaffte es in verschiedene Plattenbarometer. Eines Tages im Jahr 1962 rief eine Zeitung an, um mir die Nachricht zu überbringen, dass ich im Plattenbarometer vom Monat Mai auf den achten Platz gekommen sei. Und in ihrer nächsten Ausgabe schrieben sie dann:

„Poul Bundgaard konnte nur schwer sein Erstaunen verbergen, als er von der Platzierung seiner Platte ‚Dybt i min drøm‘ hörte. ‚Ich bin stolz wie ein Pennäler, der gerade eine schwere Prüfung bestanden hat‘, sagte Poul Bundgaard, ‚stolz, dass ich trotz meiner neununddreißig Jahre und meiner vielen Pfunde mit Leuten wie Elvis Presley, Cliff Richard und wie sie alle heißen, konkurrieren kann.

Ich hatte Angst, dass ich die Aufgabe nicht bewältigen würde, als mich meine Plattengesellschaft bat, das Lied, das ausländische Popstars zu einem Hit gemacht hatten, zu singen. Ich bin trotz allem Opern- und Operettensänger, aber vielleicht ist das Erfolgsgeheimnis, dass ich immer noch so lächerlich romantisch und mit ganzer Seele dabei bin, wenn ich singe.'"

Ja, das hätte ich heute genauso sagen können. Ich bin nach wie vor romantisch und lebe alles mit, was ich tue. In dem Artikel hieß es damals weiter: „Die Platzierung kommt für Poul Bundgaard trotz allem nicht ganz überraschend. Er hat haufenweise Post von Frauen bekommen, die ihm danken, weil er ihnen mit seiner Version den Glauben an die Romantik wiedergegeben hat." Das klingt ja alles schön und gut. Heute schreiben mir natürlich nicht mehr so viele Frauen, aber ein paar Briefe pro Monat werden es schon. In der Zeitung zitiert man mich weiter mit der Frage: „Kann man anders als romantisch gestimmt sein, wenn man ein Leben hat wie ich? Ich kann mich an keine Stunde erinnern, in der ich mich vom Schicksal ungerecht behandelt gefühlt hätte. Mein Leben ist reich an wunderbaren Erlebnissen. Und ich habe fast immer erreicht, was ich mir vorgenommen hatte." Das mag vielleicht ein bisschen übertrieben klingen, war und ist aber richtig. Zum Schluss sage ich, und auch das ist vollkommen richtig: „Eine Zeitlang hätte ich fast vergessen, dass ich Frau und Kinder habe. Ich habe von früh bis spät geschuftet, um den Erfolg festzuhalten, aber ein bösartiges Magengeschwür und plötzlicher Diabetes lehrten mich, dass es Dinge im Leben gibt, die wertvoller sind als lobende Kritiken und Blumen und Briefe von einer Schar von Bewunderern."

Als wir uns in unserem neuen Heim eingerichtet hatten, fuhren wir zu einem Kurzurlaub nach Rom. Ich brannte darauf, Kirsten „mein" Roma zu zeigen. Ich sauste mit ihr von einem Ort zum anderen, sie sollte alles sehen. Doch das Allerwichtigste fand zwei Tage vor unserer Rückkehr statt.

Meine treuen Freunde, Axel und Nando, bescherten uns eine fantastische Begegnung mit einem italienischen Priester. Sie hatten ihm erzählt, dass wir beide doch so gern im Petersdom heiraten würden. Da wir keine Italiener waren und außerdem keine Katholiken, war es unmöglich, für so eine Trauung Papiere zu bekommen. Wir gaben ihm zu verstehen, dass die Papiere nicht wichtig seien, Hauptsache, er würde uns trauen. So fanden wir uns dann im Petersdom ein und wurden vor dem Grab Petri Mann und Frau. Es war wunderbar. Rund um das Grab brannten Öllämpchen mit Öl aus dem Garten Gethsemane. Nach der Hochzeit gingen wir in ein bekanntes römisches Restaurant, „Da meo Patacca" auf der Piazza de Mercanti 30. Dort bekommt man den besten Lammbraten von ganz Italien, wage ich zu behaupten, und dazu isst man junge grüne Erbsen mit geräucherten Speckwürfeln. Probieren Sie es – es schmeckt himmlisch. Auf Italienisch heißt es übrigens „Abbacchio arosto con piselli a la romana". Die Kellner tragen neapolitanische Tracht und es spielt immer ein gutes Orchester. Bei unserem Hochzeitsessen sang eine Dame nach altem italienischen Brauch selbstverfasste Verse.

Sie erzählte in ihrem Lied, dass man heute ein dänisches Brautpaar zu Gast habe, und wie man ja wisse, liefen auf den Straßen in Dänemark Eisbären herum. Es war gut gemeint und die Gäste feierten uns. Als es Abend wurde, gingen wir zur Fontana di Trevi – dem Brunnen der Wünsche – und warfen eine Münze über die linke Schulter, um sicherzugehen, wieder nach Rom zurückzukehren.

Auch wenn wir kein Dokument über unsere Trauung erhielten, betrachten wir diesen unvergesslichen Tag im Petersdom als unseren Hochzeitstag.

Kirsten, Steen und ich genossen das Leben in unserem neuen Heim. Wir hatten unsere Arbeit am Königlichen Theater und Steen ein nettes junges Kindermädchen zur Betreuung. Wir hatten einen guten Rhythmus entwickelt. Kirsten tanzte, und sobald sie frei hatte, eilte sie nach Hause und spielte mit Steen. Wie freute ich mich, dass die beiden so gut miteinander auskamen! Wenn sie abends tanzen musste, schaffte sie es noch, einzukaufen und für uns zu kochen. Ich hatte mein Tun mit Film, Auftritten, Plattenaufnahmen, Theaterproben und der Vorstellung am Abend. Aber in jeder freien Minute waren wir mit Steen zusammen. Das war das Wichtigste in unserem Leben, darin waren wir uns einig. Auch mit der kleinen Helle verbrachten wir viel Zeit. Wir hatten die schöne Regelung getroffen, dass beide Kinder entweder bei Bente oder bei uns waren. So konnten sie zusammen spielen. Sie sollten sich nicht voneinander entfernen und das taten sie auch nicht. Sie waren ein Herz und eine Seele und sind es auch heute, in schöner Dreieinigkeit mit Peter. Das mit der Karriere ist ja alles schön und gut, aber Kirsten und ich haben das meiste Gewicht auf das Zusammenleben von Vater, Mutter und Kindern gelegt. Das Ergebnis erleben wir heute, wenn die Kinder und wir so gern zusammen sind.

Am Theater spielten wir das „Geschworenengericht“ von Gilbert und Sullivan. Ich hatte außerdem eine kleine Rolle in Verdis „Rigoletto“ und war auch in der Oper „Das schlaue Füchslein“ dabei. Ich spielte einen Hund. Den wohl größten Hund des dänischen Theaters.

Ich hatte ein richtiges Hundehaus und von dort aus sang ich. Der Schwanz an meinem Kostüm sah aus wie ein Maiskolben, sodass ich tat, als würde ich davon essen. Außerdem erhob ich mich ab und zu mit meinem rückwärtigen Hundehaus, jedoch nur an Stellen, wo ich keinem die Show stahl. Das war gar nichts Besonderes, endete jedoch immer damit, dass das Orchester aufstand und im Stehen spielte, um mitzulachen. Das war natürlich nicht richtig von mir, aber zu verlockend für meinen Humor.

Wir hatten in dieser Oper Doppelrollen. Im letzten Akt war ich ein Lehrer und hatte dadurch Gelegenheit, auch mal richtig Charakterkomödie zu spielen. Die Chance ließ ich mir nicht entgehen, und in der Folge bekam ich auch Rollen im Film.

Ansonsten ging es wieder quer durchs Land zu Auftritten. Ich hatte damals einen neuen Impresario bekommen. Er liebte Vögel und hatte Unmengen von ihnen in einer großen Voliere in seinem Garten in Amager. Er liebte sie so sehr, dass sie sein Tod wurden. Gegen Vogelfedern war er allergisch, sein Arzt warnte ihn vor der Gefahr. Aber er wollte sich unter keinen Umständen von seinen kleinen treuen Freunden trennen. Als ich ihn einmal eindringlich beschwor, sagte er leise:

„Lieber Poul, würdest du die letzten Freunde, die du auf dieser Welt hättest, verraten?“ Kurze Zeit später starb er.

1964 hatte ich an unserem alten Theater eine schöne Rolle, den Fatty in Brechts „Mahagonny“. Unser Kapellmeister war ein großes Talent. Aber er litt an einer unheilbaren Krankheit, die ihm kurze Zeit später das Leben nahm. Er war immer freundlich und lächelte, was umso bewundernswerter war, als er in jeder Pause in die hinterste Ecke des Kellers ging und vor Schmerzen laut schrie.

Gerade habe ich in einer alten Zeitung geblättert und einen Artikel gefunden, in dem ich mich darüber äußere, wie es ist, fett zu sein! Da verteidige ich die dicken Dänen. Erst die große Schlagzeile: „Als jugendlicher Liebhaber hab ich ausgedient, ich bin zu dick, aber warum muss man sich über dicke Menschen lustig machen?“ Und dann antworte ich auf die Frage, ob es mich traurig mache, dass die Operette für mich nun vorbei sei:

„Nee, ich habe ja nicht aufgehört, Operette zu spielen, ich spiele immer noch Operette am Königlichen Theater und es wird dort oder im Fernsehen sicher noch andere Operetten geben. Hier in Dänemark bin ich als Liebhaber zu dick, an fast allen anderen Orten sind sie etwas fülliger. Es ist, als hätte ein Knud-Lundberg-Bazillus das Land befallen. Und fragt man Knud Lundberg (*dänischer Fußballnationalspieler, Titelgeschichte im Spiegel 37/1955*), wie er es verdammt noch mal anstellt, sagt er: ‚Ich esse, was ich will.' Ich muss gestehen, ich lebe nicht wie ein Asket, aber wenn ich essen würde, worauf ich Lust hätte, wäre das eine Katastrophe. Jedes Weihnachten nehme ich in aller Regelmäßigkeit drei bis vier Kilo zu. Wenn ich den Essgewohnheiten anderer Leute gefolgt wäre, wäre ich heute längst tot und begraben. Wenn ich in die Kantine des Königlichen Theaters gehe und eine Tasse Kaffee und ein einziges Stück Plunderkuchen bestelle, brüllen die anderen vor Lachen, kommt aber ein Gerippe vom Ballett und ordert Kaffee, vier Stücke Plunder und ein Porter, fällt das nicht mal jemandem auf!"

Viele Jahre war meine kräftige Statur ein Problem für mich. Nun habe ich mich daran gewöhnt – und die Leute sich auch. Aber früher ging viel Zeit drauf, mein Gewicht zu verteidigen. Ich kann so sehr mit anderen Übergewichtigen mitfühlen, es ist eine geistige Hölle – und auch eine körperliche. Immer musst du mit einer schlagfertigen Bemerkung parieren können, wenn sich einer über dein Gewicht lustig macht. Komisch, dass man über kräftigere Menschen Witze reißt. Mir würde doch auch nicht im Traum einfallen, einem Klapperdürren zu sagen: „Mein Gott, wie Sie aussehen! Haben Sie nicht Angst, gleich zu sterben?" Das ist eine dumme dänische Volksbelustigung, in Italien könnte das nie passieren. Hatte nicht Kaiser Nero gesagt: „Lasst Dicke um mich sein"? Das will ich auch gern, denn Dicke haben Humor. Aber den hatte ich auch schon, als ich noch dünn war. Im Übrigen mag ich es, wenn sich ein Busfahrer aus dem Fenster lehnt und mir zuruft: „Na, Poul, da bist du ja gut über den Winter gekommen!"

Noch was anderes: Viele waren neidisch, dass ich so vielbeschäftigt war. Man hat mich sogar direkt gefragt, weshalb ich so viel mache. Ein Theaterintendant sagte einmal: „Sie müssen sich entscheiden, Bundgaard, ob Sie hier im Haus Erfolg haben wollen oder draußen im Lande bei mehr oder weniger zweifelhaften Engagements." Darauf konnte ich nur antworten: „Das ist entschieden, Herr Intendant, vom Finanzamt. Mit dem Bedürfnis nach künstlerischer Befriedigung hat das nichts zu tun. Wenn man an ein und demselben Tag vormittags in der Kirche ‚La Novia' gesungen hat, nachmittags zur Probe für ein großes dramatisches Stück war, dann schnell noch mal zum Radio ‚Der Graf von Luxemburg' singen und abends vielleicht in einer Mozart-Oper aufgetreten ist, dann ist es eigentlich gestillt."

24 Vater, Mutter und drei Kinder

1965 wurde für uns alle ein gutes Jahr. Am Theater hatte ich eine Rolle in Peter Weiss´ Drama „Marat". Ein komisches Gefühl, mal richtiges Theater spielen zu dürfen. So langsam schlich ich mich in die Schauspielsparte ein. Und genoss es!

In „Marat" erlebte ich, wie es ist, wenn das Gedächtnis anfängt, einen im Stich zu lassen. In dieses Stadium war ich selbst noch nicht gelangt, aber ich erinnere mich, wie empört ich war, wenn sich ein älterer Schauspieler seinen Text nicht merken konnte. Heute schäme ich mich dafür. Ein großer Kollege hatte am Ende seiner Karriere einige Schwierigkeiten. Seine Bemerkung zu den Mitspielern wurde ein Klassiker. Nachdem er auf der Bühne tapfer mit seinem widerspenstigen Gedächtnis gekämpft hatte, sagte er: „Ja, liebe Freunde, mehr ging heute nicht." Wie sehr ich ihn heute doch verstehe!

1965 hatte ich meinen Durchbruch im Film. Das war in „39 Seemänner und ein Mädchen", wo ich einen trunksüchtigen Koch spielte. Ich danke der Regisseurin heute noch einmal für ihre Hilfe. Der Film wurde für mich ein Riesenerfolg mit vielen schönen großen Worten zu meiner Leistung. Ich erinnere mich auch noch an das Essen, das Kirsten und ich am Tag nach der Premiere im Tivoli genossen. Ja, ich lese die Kritiken, und wenn da Mist steht, ärgere ich mich, und umgekehrt feiere ich die guten. Ich gebe das hier offen zu, weil etliche meiner glänzenden Kollegen behaupten, sie würden nie lesen, was man über ihre Arbeit schreibt.

Das Beste, das Kirsten und ich in jenem Jahr erlebten, war, dass ich zum dritten Mal Vater wurde. Aber erst muss ich noch von einem besonderen Abend im Königlichen Theater erzählen. Auf dem Programm stand „Neapel", in dem Kirsten die Hauptrolle tanzte, obwohl sie schon im fünften Monat war. Ich stand wie erstarrt in der Gasse und schaute zu. Alles war gut gegangen, aber ganz zum Schluss kommt ein Wagen auf die Bühne, Kirsten soll elegant aufspringen, doch – oh Schreck – fast wäre sie gestolpert. Einen Moment lang halten alle die Luft an, aber die werdende Mutter schafft es sicher auf den Wagen. Diesen Augenblick werde ich nie vergessen. Und Peter kann den Abend gut und gern als seinen ersten Bühnenauftritt betrachten. Womit auch gleich klar ist, dass Kirsten von einem hübschen Jungen entbunden wurde, eben Peter.

Am Ende der Schwangerschaft lief Poul ständig mit einer Stoppuhr um Kirsten herum. Als sie einmal im Supermarkt dachte, gleich wäre es soweit, beruhigte sie der erfahrene, zweifache Vater, es würde noch dauern.

Ich hatte sie zum Krankenhaus gebracht und mich danach diskret zurückgezogen. Damals war es noch nicht üblich, dass der Ehemann bei der Geburt dabei ist. Ich weiß, das ist modern heutzutage, aber ich würde das gar nicht aushalten, ich wäre viel zu zimperlich. Ich bin einer der vielen Männer, die beim Warten auf und ab gehen oder vor Angst die Hände ringen. Man hatte mir gesagt, dass es sicher erst am nächsten Vormittag soweit sein würde, deshalb war ich ins Bett gegangen, um für die Freuden des nächsten Tages frisch zu sein. In der Nacht klingelte plötzlich das Telefon und eine freundliche Stimme fragte sanft: „Spreche ich mit Poul Bundgaard?" Ja, sagte ich mit ausgetrockneter, angstvoller Stimme. Und dann hörte ich die erlösenden Worte: „Darf ich Ihnen gratulieren?! Sie haben einen großen prächtigen Sohn bekommen. Wenn Sie mögen, können Sie gern sofort zu uns kommen!"

Zwanzig Minuten später stand ich vor Kirsten und beglückwünschte sie. Es war ein kräftiger Bursche, fünfundfünfzig Zentimeter groß und fast acht Pfund schwer. Von wem er das wohl hatte? Er ist immer noch ein großer, starker Junge und die Güte in Person. Das Schönste an allem ist, dass unsere drei wunderbaren Kinder gute Freunde sind. Die Großen haben in der Kindheit auf ihren kleinen Bruder aufgepasst und alle halten heute zusammen wie die drei Musketiere.

Poul kam damals in Kirstens Zimmer gestürmt, in der Hand eine große Tüte mit Garnelensandwiches als Dankeschön für das Personal. Er trug einen weißen Kittel, da er aber so dick war, dass er ihn nicht zubekam, hatte er ihn verkehrt herum angezogen. Das erste, was er sagte, war: „Das ist mein Sohn, keine Frage, er hat die gleiche rote Nase wie ich." Zu Hause hatte Poul alles für die Ankunft von Mutter und Kind vorbereitet und eingekauft. Babysachen, Badewanne, einen hohen Buggy und einen großen Kinderwagen mit blauem Verdeck. In dem großen Schlafzimmer hatte er zusammen mit seinem Schwiegervater Gardinenstangen an der Decke angebracht und einen kleinen Raum mit hauchdünnen Vorhängen abgeteilt. Dort standen das Bett und der Wickeltisch, die schon Steen und Helle gehört hatten. Wenn die beiden anderen Kinder ihr eigenes Zimmer hatten, sollte Peter auch eines haben, so seine Meinung.

Ich drehte damals einen schönen Film: „Kaliber 7,65 – Diebesgrüße aus Kopenhagen". Der hatte am 22. Dezember Premiere und wurde ein großer Kritiker- und Publikumserfolg. Ich selbst hatte das Glück, für diesen Film eine Bodil zu bekommen, ich brauche nicht zu sagen, wie sehr ich mich freute. Die Szene mit Morten und mir im Zugabteil ist fast so etwas wie ein Klassiker geworden. Ich hatte im Film eine künstliche rechte Hand, in die ein langes Springmesser eingebaut war.

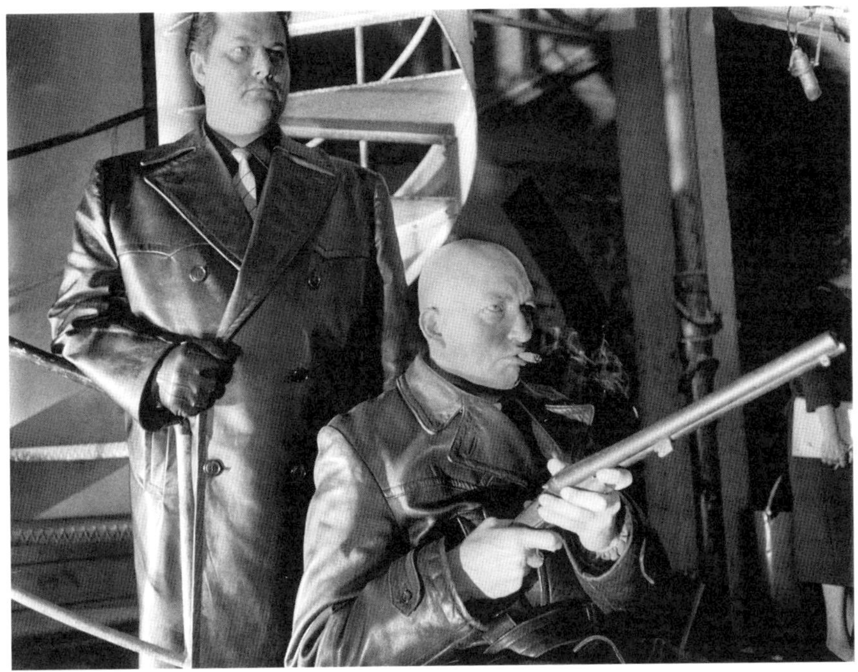

Als Bösewicht Kolick in „Kaliber 7,65 – Diebesgrüße aus Kopenhagen“. (Foto: Emil Christensen)

Zweimal der höchste dänische Filmpreis. Eine Bodil für „Kaliber 7,65 – Diebesgrüße aus Kopenhagen“, die andere für „Roman einer Verwüstung“. (Foto: privat)

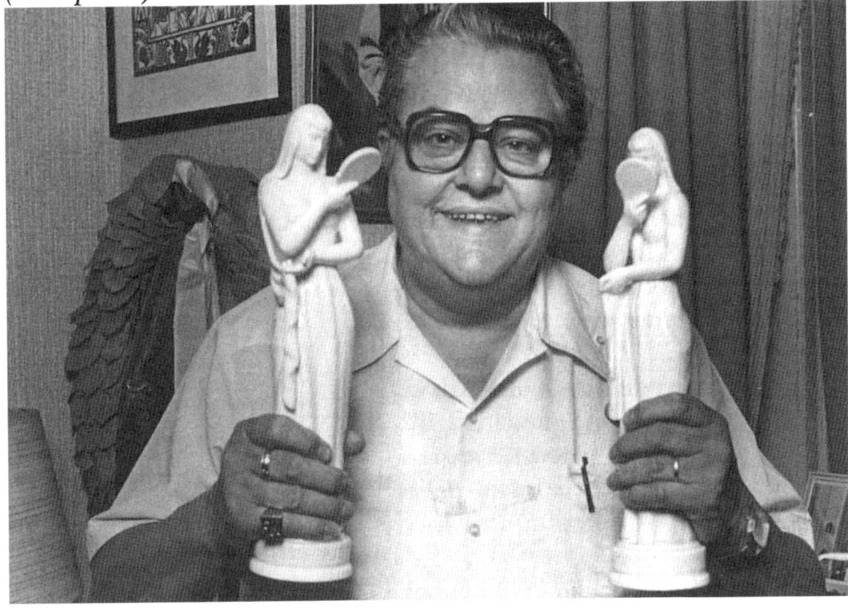

In dem Augenblick, in dem Morten mir den Rücken zudreht, will ich mit dem Messer zustoßen, aber er wehrt den Stich – ahnungslos – mit einer Apfelsine ab. Das war schon komisch, wie ich so dasaß mit der aufgespießten Apfelsine.

Morten Grunwald, Ove Sprogøe und ich harmonierten bestens. Ich glaube, das brachte Balling – den unübertroffenen Filmemacher – ein paar Jahre später darauf, uns in der „Olsenbande" zu besetzen.

Es waren wieder mal glückliche Umstände, dass er die Rolle in „Kaliber 7,65 – Diebesgrüße aus Kopenhagen" bekam. Ursprünglich sollte sie ein anderer Schauspieler haben. Der sagte jedoch ab und Balling stand ohne Schauspieler da. Ove Sprogøe und Morten Grunwald, die mit Poul gerade „39 Seemänner und ein Mädchen" gedreht hatten, schlugen ihn vor. Balling zögerte, was Poul ihm nicht verdenken konnte. Schließlich galt er seit dem fröhlichen, singenden Koch in den „39 Seemännern" als Komiker, und außerdem kannte Balling ihn noch aus ihren Nachbarszeiten als schlanken, jugendlichen Liebhaber. Die falsche Besetzung also für diesen knallharten Killer. Aber Ove und Morten blieben stur. Und Balling und Bahs wurden nicht enttäuscht. Denn Poul war nicht nur ins kalte Wasser geworfen worden, er hatte auch die schwerste Rolle und musste gleich in der ersten Szene ohne Übergang den Aberwitz spielen, jemanden umbringen zu wollen, ohne dass es gelingt. Am Ende bekommt er einen Heulkrampf, hämmert auf den Boden ein und heult „Please, let me kill you!". Großes Kino. Und Poul gewann den größten dänischen Filmpreis.

In Carl Nielsens Oper „Maskerade" war ich der Hausdiener Arv. Das war schwierig, denn ich hatte in dieser Rolle einen grandiosen Vorgänger. Aber ich fand mein eigenes Spiel und erntete großen Erfolg. Im letzten Akt komme ich in einem rosa Strampelanzug mit Flügeln auf die Bühne. Da ich auch schon damals ziemlich ausladend war, muss das ein unbezahlbarer Anblick gewesen sein. Bei der ersten Vorstellung war ich sehr gespannt, wie die Zuschauer reagieren würden. Ich kam auf die Bühne und es verging keine Sekunde, da kreischte das Publikum los. Mein Verdienst war das nicht. Das waren die vielen Pfunde, die in meinem Strampelanzug frei und ungehindert hin- und herwogen konnten. Und doch freute ich mich jeden Abend auf dieses Entree.

25 Freud und Leid

Unser Leben war überschattet. Bente war sehr krank.

Am 14. Februar kam dann die lange gefürchtete Nachricht: Bente war gestorben. Es war ein schmerzlicher Verlust – ein wunderbarer, warmherziger und lieber Mensch war nicht mehr.

Der einzige armselige Trost war, dass sie wohl selbst nie so richtig begriffen hatte, wie krank sie wirklich war. Sie schlief still in den Tod hinein. Und wie uns ihr Vater, der Lungenchirurg, versicherte, blieben ihr die allerletzten Schmerzen erspart. Drei Tage vorher hatte ich sie noch besucht. Bei der Gelegenheit sagte sie etwas, das mich bei all meinem Schmerz über ihren Zustand froh stimmte. Sie sagte, sie sei sehr glücklich – über ihre Kinder und dass wir beide immer noch Freunde seien. Ich versprach ihr, wir würden uns alle gemeinsam einen schönen Sommer machen – obwohl ich nicht daran glaubte. Sie vertraute mir an, wie sehr sie sich freue, dass ich eine so gute Frau für die Kinder gefunden hatte. Das konnte nun doch darauf deuten, dass ihr klar war, wie schlimm es um sie stand. Als ich gehen wollte und schon an der Tür war, rief sie mich, stand vorsichtig auf, kam auf mich zu, gab mir einen Kuss und sagte: „Danke, alter Junge!" Dann ging sie wieder ins Bett und ich schlich mich hinaus. Ich sah sie nie wieder. Drei Tage später war sie für immer fort.

Eine Freude hatten wir aber in unserer Trauer – die kleine Helle zog zu Kirsten, Steen, Peter und mir. Endlich waren wir alle zusammen! Das linderte den Schmerz, aber trotzdem ist die Erinnerung an Bente für Kirsten und mich immer noch mit stillem, warmem Kummer erfüllt. Ich fuhr mit Steen eine Stunde lang herum, um ihm zu erzählen, was passiert war, brachte es aber nicht über mich. Plötzlich sagte der kleine Kerl: „Ich weiß, warum du so traurig bist. Mama ist tot, nicht wahr?!" Als wir nach Hause kamen, ging er zu Kirsten und sagte: „Papa hat es mir gesagt. Gut, dass ich dich habe."

Meine frühere Schwiegermutter wohnte damals auf einem herrlichen Landsitz in Irland. Dort gab es Pferde und Reithalle, Swimmingpool – kurz, alles, was die Enkel erfreuen konnte, und die liebten es denn auch, sie zu besuchen. Kirsten und ich waren oft dabei und genossen es, bei ihr so richtig zu entspannen. Nach Bentes Beisetzung hatte sie Kirsten und mich zu sich eingeladen und gesagt, ihr Mann käme ein paar Tage später dazu. Kirsten hatte ihn noch nicht kennengelernt und war ziemlich nervös vor der Begegnung. Er war eigentlich ein liebenswerter Mensch, konnte aber manchmal etwas barsch sein. Die Begrüßung fiel reserviert aus, die Atmosphäre war sowieso düster.

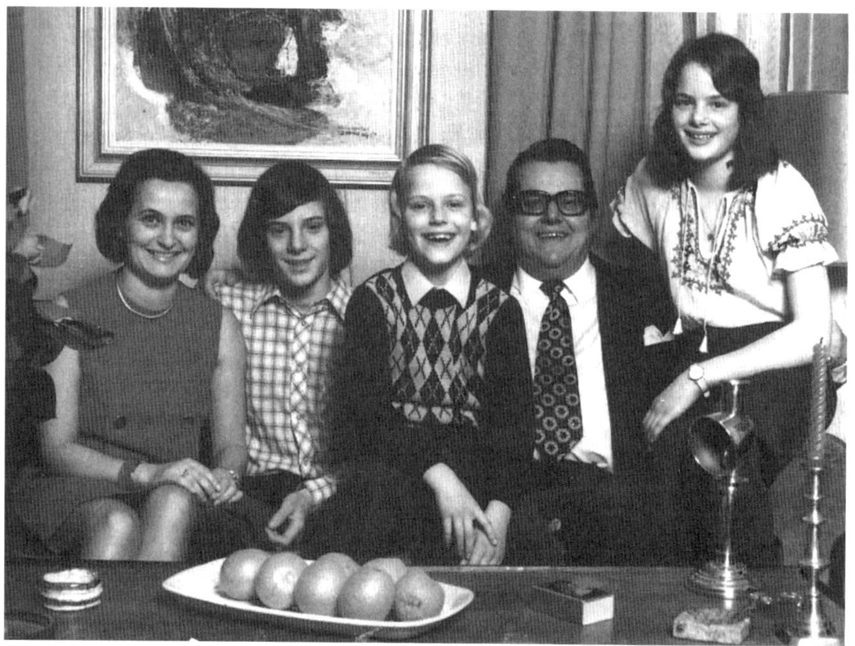

In Freud und Leid vereint.
(Foto: privat)

Überall im Haus stand Bentes Bild. Das alles trug natürlich nicht dazu bei, Kirstens Angst zu schmälern. Aber was geschah? Nach ein paar Stunden saß sie auf seinem Schoß, während er mit tränenerstickter Stimme sagte: „Ja, Kirsten, ich habe eine Tochter verloren, aber heute Abend eine neue bekommen." Seitdem waren sie Freunde.

Bei uns zu Hause wurde immer offen über Bente gesprochen und ihr Bild stand auf meinem Flügel. Heute sagen alle drei Kinder zu Kirsten „Mama". Das erfüllt sie mit großer Freude und mich natürlich auch.

Einmal im Monat brachte die Familie Blumen an Bentes Grab. Für Poul war das eine gesunde, natürliche Einstellung zu Leben und Tod. Das bedeute ihm mehr als zu singen und zu spielen, sagte er einmal. Das Wesentliche sei, ein guter Mensch zu sein.

Am 27. Juli 1968 erhielten Kirsten und ich das Dokument, dass wir nun offiziell verheiratet waren. Wir kamen in die Fesseln der Ehe, wie der Volksmund sagt. Von den Fesseln habe ich allerdings nie etwas gemerkt, Kirsten hat mir vom ersten Tag an sehr lange Leine gelassen, das heißt, ich weiß natürlich, sie ist da, aber sie hat nie an mir gezerrt.

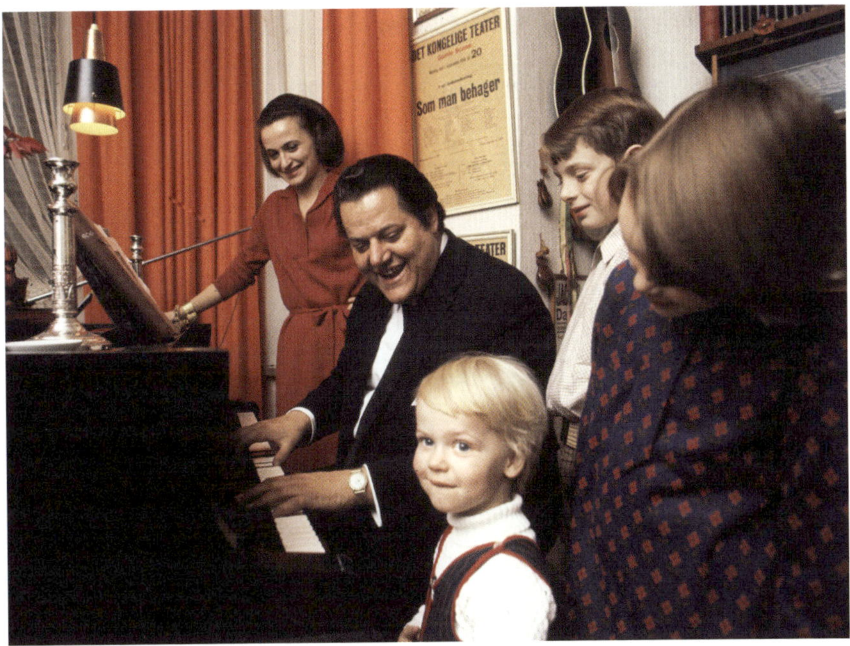

Singendes, klingendes Familienglück.
(Foto: Per Pejstrup)

Die Trauung wurde von unserem guten Freund Pastor Johannesen in der alten Kirche von Gentofte vollzogen. Wie er mir später erzählte, überfiel ihn plötzlich Aufregung, als er alle bekannten Schauspieler vor sich sah. Das war ihm aber nicht anzumerken, er war in Höchstform und begann mit einem Witz, der niedlich und harmlos war, aber – wie es so schön heißt – den Saal zum Kochen brachte. Vor Kirstens Ankunft fanden ein paar schwungvolle Darbietungen statt, die der Pfarrer draußen auch mitbekam. Poul Reichhardt fragte zum Beispiel laut, warum es denn nicht anfangen würde, worauf ein anderer entgegnete: „Weil Poul das ein bisschen rauszögert. Wenigstens einmal will er das Haus voll kriegen!“

Ich war sehr nervös: Gesetzt den Fall, die Braut käme nicht! Das war aber nichts gegen Kirstens Vater, der im Kirchenvorraum wartete. Wie es hieß, brauchte er mehrere Taschentücher, um sich den Schweiß von der Stirn zu wischen. Doch plötzlich brauste die Orgel auf, alle drehten sich zur Eingangstür und es erschien ein Traum von einer Frau, geleitet vom stolzen Vater. Wegen der anwesenden Freunde versuchte ich das Gesicht zu wahren, aber – und ich scheue mich nicht, es zu zuzugeben – ich weinte vor Glück. Die Trauung verlief sehr schön und wir sagten beide an den richtigen Stellen „Ja“.

Nach der Zeremonie ergriff Kirsten das Wort: „Lass uns auf den Friedhof gehen, Poul!“ Als wir dort ankamen, trat sie ruhig an Bentes Grab und sagte leise: „Ja, Bente, dies ist mein Brautstrauß, nun ist die Fackel übergeben!“

Danach fuhren wir nach Hause und feierten ein rundum schönes Fest. Langweilige Reden gab es nicht. Preben Kaas war gar nicht zu bremsen, als er Kirsten und mich beschrieb. Poul Reichhardt nahm den Faden auf und musste fast weinen aus „Scham gegenüber der Braut“, hielt es jedoch für seine Pflicht, ihr alle möglichen Räuberpistolen über mich zu erzählen. Und dann ging es Schlag auf Schlag weiter, ein Freund nach dem anderen trat auf, ihr Mundwerk stand nicht eine Minute still. Als das Fest schließlich zu Ende war, erfuhren wir, dass Erik Balling, Ove Sprogøe und Morten Grunwald unsere Hochzeitsnacht im Badehotel Marienlyst bezahlt hatten. Als wir das hübsche, große Zimmer betraten, fiel unser Blick als erstes auf eine große Flasche Champagner - ein Geschenk von Charlotte und Poul Reichhardt.

Lassen Sie mich die Geschichte von unserer Hochzeit beenden, indem ich eine Antwort auf unsere Einladung zitiere, die ein wenig die ausgelassene Stimmung wiedergibt: „Liebe Kirsten, natürlich ist es nicht ohne Interesse, schriftlich bestätigt zu bekommen, dass der Opernchorist Poul Bundgaard völlig verrückt ist. Dass er hinzufügt, er sei verrückt nach dir, macht die Sache zwar etwas besser, aber nur für ihn, behaupte ich. Aber dass derselbe nun weiterschreibt ‚und deshalb heirate ich sie’, ist in unseren Augen eine Ungezogenheit, obwohl er so freundlich ist anzumerken: ‚Da wir Euch bei unserem nächtlichen Fest nicht missen möchten, werdet Ihr gebeten usw.´ Das bist hoffentlich du, die uns nicht missen möchte. Die Frage lautet indes: Bist du bereit, dich in Myrten zu hüllen und Poul den Schleier zu geben? Willst Du überhaupt diesen Herrn ehelichen? Davon steht nichts in der Einladung. Im Gegenteil: ‚Darum heirate ich sie´... anstatt ‚und sie hat in einem schwachen Augenblick eingewilligt, sich mit mir zu begnügen’. Die Spannung, in der wir alle schweben, ist so groß, dass wir alle mit Sicherheit zahlreich erscheinen werden - im Smoking und mit sehr schwarzer Schleife. Was das Hochzeitsgeschenk betrifft, gehen wir davon aus, dass ganz oben auf deiner Wunschliste steht, einmal einen echten Sänger zu hören. Wenn Poul dann für ein paar Stunden wieder irgendwo ein paar Auftritte hätte, könnten wir doch noch einen schönen Tag haben - trotz allem. Auf Wiedersehen - mit Gruß an den jungen errötenden Bräutigam - Nanna und Sven.“

Dieser großartige Brief kam per Bote früh am Morgen zusammen mit einer guten Flasche Champagner - für Kirsten!

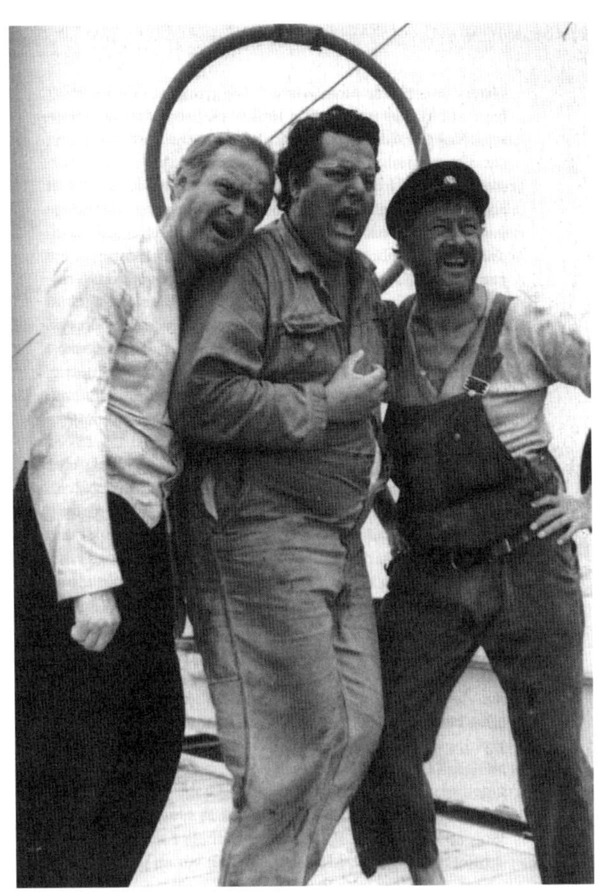

Aus dem Film „Martha“ mit Ove Sprogøe und Poul Reichhardt. (Foto: privat)

In eben diesem Sven hatte ich einen guten Manager, der dafür sorgte, dass man mich für meine Auftritte gut bezahlte. Seitdem halten wir zusammen. Wir sehen uns nicht so häufig, aber wenn, dann ist es, als hätten wir uns gerade gestern erst getrennt.

In jenem Jahr drehte ich fünf Filme. Ich weiß heute gar nicht, wie ich das alles geschafft habe. Der eine war „Martha“, den Balling in Griechenland produzierte. Das war eine fantastische Zeit, obwohl es sehr heiß war. Wir Schauspieler waren allesamt gute Freunde. Das wird man verstehen, wenn ich aufzähle, wer alles mit dabei war: Morten Grunwald, Poul Reichhardt, Ove Sprogøe, Preben Kaas und Lily Weiding (*Frau von Morten Grunwald*). Balling hatte seine liebe Not mit uns.

Zwischen den Aufnahmen saßen wir in einer Kajüte und spielten Karten. Das Schiff war eigentlich schon eingemottet gewesen, aber drei pfiffige Griechen hatten es gemietet und waren auch die einzige Besatzung, was natürlich bei diesem großen Schiff viel zu wenig war. Aber es waren ja Griechen, so etwas nahmen sie nicht tragisch. Und so war denn ein Mann im Maschinenraum, einer am Steuerrad und einer am Ausguck. Das heißt, derjenige, der eigentlich dafür sorgen sollte, dass wir Kurs hielten, saß eines Tages achtern und angelte. Es kam, wie es kommen musste: Auf einer winzigen Insel liefen wir auf Grund. Balling tobte und als alle Kartenspieler an Deck stürzten, brüllte er von der Kommandobrücke: „Na, endlich kriegt ihr mal euren Arsch hoch! Anders geht es wohl nicht!“ Und dann bekamen die Griechen ihr Fett ab.

Ich hatte mich auf eine Art – wie ich annahm – Ferien gefreut. Aber da wir alle um sechs Uhr morgens antreten mussten und spätabends nach Hause kamen, wurde es doch ein ziemlich anstrengender Törn.

Nachdem ich mir zwei Tage lang leidgetan hatte, telegrafierte ich an Kirsten: „Komm umgehend, werde sonst wahnsinnig. Stopp. Bring bitte dänisches Essen mit.“ Am nächsten Tag war sie da – mit einem kleinen Berg meiner Leibgerichte. Das griechische Essen war fürchterlich und mit den dänischen Köstlichkeiten konnte ich Reichhardt nun schön ärgern. Ich aß sie direkt vor seinen Augen, schmatzte und lobte Dänemark. Das war ein Heidenspaß, denn Poul drehte immer mehr durch, bis er eines Tages explodierte. Er gab mir die schlimmsten Namen, die ihm gerade in den Sinn kamen, und ich genoss es, aber schließlich erbarmte ich mich seiner und ließ ihn kosten. Kirsten und ich hatten ein Hotelzimmer zum Wasser raus und wenn sie abends das Schiff einlaufen sah, stand sie auf dem Balkon und winkte mit einem Laken. Damit zogen uns die anderen auf, aber ich – ich genoss es.

Um bei Balling zu bleiben, spielte ich auch in seinem zauberhaften Film „Det var en lørdag aften“ (*An einem Samstagabend*) mit. Dann folgten zwei Filme, die Carl Ottesen inszenierte, einer davon „Kompanie, stillgestanden“. Wie der Titel (*auf Dänisch: „Bärendienst für Soldaten“*) andeutet, war tatsächlich auch ein echter Bär dabei, vor dem wir am Anfang alle Angst hatten. Aber allmählich gewöhnten wir uns an ihn und er sich umgekehrt an uns. Wir gaben ihm manchmal einen Klaps auf den Hintern und behandelten ihn wie einen guten alten Freund. Eines Tages aber lief er plötzlich Amok und fügte seinem Herrn (in diesem Fall eine Dame) dreiundzwanzig Bisswunden zu.

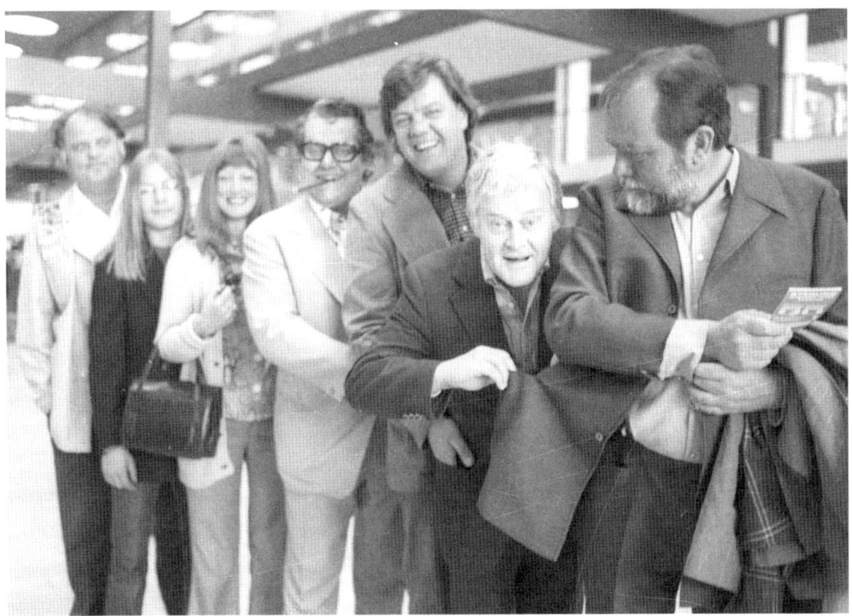

Die Olsenbande vor dem Abflug. Ihre Reise währt auf den Bildschirmen bis heute. Ove Sprogøe, Morten Grunwald, Poul Bundgaard, Kirsten Walther und Jes Holtsø mit ihrem Widersacher, gespielt von Ove Verner Hansen, am Ende der Reihe. An der Spitze Regisseur Erik Balling.
(Foto: Leif Nyholm)

Dann kam die Premiere eines dänischen Films, der für mich wie auch für die Filmgesellschaft Nordisk Film, die sich in jenen Jahren nur mühsam über Wasser hielt, große Bedeutung erlangen sollte. Ich spreche von der „Olsenbande". Diese Idee von dem Nordisk-Film-Mann Henning Bahs und dem Chef des Unternehmens, Erik Balling, rettete die Filmgesellschaft.

Aber bei aller Bescheidenheit waren wir drei Jungs, Morten, Ove und ich, an dem Erfolg wohl auch nicht ganz unbeteiligt. Heutzutage, da Nordisk Film die meisten Kinos und überhaupt den größten Teil der dänischen Filmindustrie unter sich hat, ist es schon komisch, sich an die Anfänge zu erinnern. In all den unzähligen Tagen und Nächten, in denen wir voller Begeisterung drehten, entstand eine herzliche Freundschaft zwischen uns.

Von früh bis spät herrschte bei uns ein ironischer Ton. Ich hatte es in meiner Ehe so gut getroffen, dass Kirsten jeden Morgen mit mir aufstand und mir Kaffee und warme Brötchen machte, egal um welche Zeit. Wenn wir uns dann alle zum Dreh einfanden – Balling liebte es, drei Uhr morgens zu beginnen –, stürzten alle als erstes zum Frühstückswagen. Und wenn mich einer fragte, ob ich nichts haben wolle, war meine Standardantwort: „Nein, ich bin verheiratet." Wenn ich dann anfing zu erzählen, dass Kirsten mich fast auf Händen zum Frühstückstisch trug und dass auf dem immer Kerzen brannten und dass alles so gemütlich war und ..., dann hieß es oft und laut und vernehmlich: „Halt endlich dein Maul, Poul!"

Ein einziges Mal hatte Balling ausnahmsweise verschlafen und musste von dem stets pünktlichen und munteren Poul telefonisch geweckt werden: „Guten Morgen, hier ist dein Bauerntrampel Poul. Wo bleibst du, Papa?" Die Entschuldigung kostete Balling eine Runde Schnaps. Die gab es öfter mal. Denn wenn sich jemand auf den Regiestuhl setzte, auf dem natürlich Ballings Name stand, musste er eine Flasche Chivas Regal spendieren. Poul saß oft dort. Ove auch. Es waren gute Schwingungen zwischen den drei Bandenmitgliedern Poul, Ove und Morten, weshalb sie bei den Dreharbeiten auch gern zusammenwaren. Privat allerdings hatte jeder seine Familie und seine Freunde. Wie Morten es ausdrückt, „spielte" Poul in der Freizeit mit anderen. Er hatte ja auch all seine Klubs. Aber sie waren Freunde fürs Leben, besuchten sich mindestens einmal im Jahr und schrieben sich Karten und Briefe. Morten blieb für Poul ewig der Junge, auch als er bereits Intendant war. Ove hingegen war der Chef. Auf den Postkarten stand immer: „An den Chef von Poul".

Es waren wunderschöne Jahre, wir hatten Spaß miteinander und erreichten viele Zuschauer. Ob nicht die meisten Dänen wohl wenigstens einen Film gesehen haben? Bei so einem Erfolg dabei gewesen zu sein, macht einen dankbar. Diese Filme – und auch „Farinelli" – bedeuten mir unendlich viel.

Im selben Jahr spielten Axel Strøbye (*Kriminalassistent Jensen in der Olsenbande*) und ich in dem Film „Tag lidt solskin" (*„A Whiff of Sunshine"*) zwei arme, aber fröhliche Gesellen. Auch ein kleiner Mischlingshund wirkte mit, der so tun sollte, als würde er Axel abgöttisch lieben. In Wirklichkeit zwickte er ihn unaufhörlich. Es war witzig, wie sie sich ihre kleinen Scharmützel lieferten, sich aber liebten, wenn die Kamera lief. Für mein Gelächter sollte sich Axel später fürchterlich rächen. Kirsten und ich planten ein großes Familienfest und Axel schlug vor, die Taubennummer zu buchen, die der Besitzer unseres Filmhundes anbot.

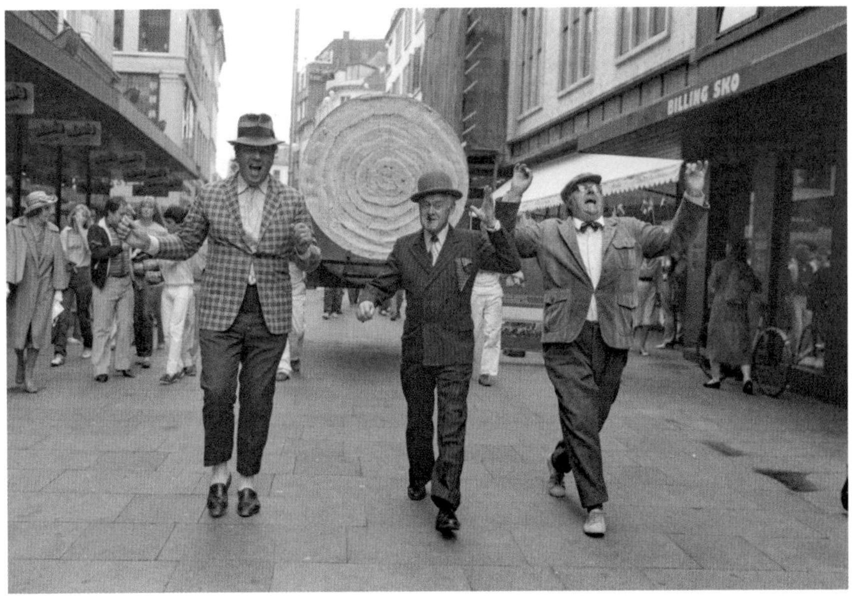

Die Olsenbande an der Spitze einer Demonstration für höhere Zuschüsse bei der Wärmeisolierung auf dem Weg zum Energieministerium. (Foto: Mogens Berger)

Nebenbei bemerkt, war der Mann hinter dem Hund und anderen Tiernummern außergewöhnlich nett und litt sehr darunter, dass sein Hund Axel nicht mochte. Da er mir leid tat, nahm ich Axels Vorschlag an und engagierte ihn mit seinen Tauben. Oje, was für eine Nummer! Während wir beim Essen saßen, traf er mit seinen „dressierten Tauben“ ein. Sie gehorchten ihm aber nicht, sie flatterten wie wild über dem Essen und den Gästen und etliche von uns brauchten danach neue Teller. Alle flüchteten erschrocken von einem Ende des Saals zum anderen. Die Tauben mussten gerade gefüttert worden sein, denn sie bekleckerten die Gäste nach Kräften. Ich lachte mich fast krank. Ganz zu schweigen von den vergnügten, unvergesslichen Momenten, die ich Axel am nächsten Tag bereitete, als ich ihm die Geschichte erzählte.

Nach der Premiere eines Films, in dem Axel und ich mitgewirkt hatten, lud Kirsten uns alle zu einem Fest bei uns ein – sämtliche Kolleginnen und Kollegen vor und hinter der Kamera. Ungefähr sechzig Leute kamen zusammen. Speisen und Getränke gab es im Überfluss. Gegen Mitternacht hielt Axel die Zeit für eine Rede gekommen. Er stellte sich auf einen Balkon und wir schauten ihn erwartungsvoll an.

Es ging alles so lange gut, bis er mit einem Lobgesang auf Kirsten begann. Er steht im Scheinwerferlicht in Pose, da geht plötzlich die Tür auf und ein Polizist in voller Montur bittet ihn höflich, aber bestimmt, mit seinen künstlerischen Entfaltungen aufzuhören. Wie sich herausstellte, hatte ein Nachbar, mit dem wir später noch jahrelang Ärger haben sollten, die Polizei angerufen. Das war das einzige große Fest in all den neunzehn Jahren, die wir dort wohnten, und dann musste sich einer beschweren! Mit allen anderen Nachbarn kamen wir gut aus. Die Pointe zu Axels Rede aber lieferte Helle, als sie mich am nächsten Tag unschuldig fragte: „Wer soll denn nun der neue Poul Bundgaard sein, Papa?"

Auch wenn Poul sich empört, ruhig war es jedenfalls nicht, als die Bundgaards dort wohnten. Aus dem einst beschaulichen Rosengarten war ein Vergnügungspark geworden. Die erste Baumaßnahme war ein Swimmingpool. Darüber kam ein ballonartiges Dach, um auch im Winter baden zu können. Was zur Folge hatte, dass sie es in jedem Frühjahr nach der Schneelast wieder aufrichten mussten und immer mehr tragende Balken dazukamen, damit es hielt. Der Wahnsinn hatte Methode, wie Sohn Peter sagt. Ganz unaufwändig waren dagegen der Schuppen und die Bar, die auf einmal im Garten standen. Auch eine alte Rostlaube pflanzte Poul dort hinein, als er seine Kinder tuscheln hörte, ein Auto wäre zum Spielen toll. Poul Bundgaard liebte es, draußen zu sein. Es war eine Atmosphäre wie in Italien.

Und drinnen war es wie in einer Rumpelkammer. Lauter Erinnerungsstücke. Was immer die Kinder jemals gefertigt hatten, wurde im Haus aufgestellt, angehängt oder an die Wand gepinnt – darunter ein kleiner Gürtel, den Tochter Helle genäht und mit Enten bestickt hatte. Fotos klebte Poul einfach direkt an die Wand. Die Ausstellung begann, sobald man das Haus betrat, und reichte bis zur Toilette, wo lauter Witzezeichnungen hingen. „Schöner Wohnen" sah anders aus, aber alle hatten ihren Spaß.

Nur schade, dass sie all diese schönen Erinnerungen bei ihrem Umzug nach fast zwanzig Jahren nicht mitnehmen konnten.

Unter den Bildern waren auch die vielen Fotos und Plakate aus Kirstens Arbeit als Primaballerina und seiner eigenen Arbeit. Poul erbat sich von Henning Bahs auch immer irgendein merkwürdiges Requisit aus den Olsenbande-Filmen. Als Poul beim letzten Film mit Ove und Morten in der Kantine der Risby-Studios saß, zeigte er auf das Schild „Hier essen die Schauspieler der Olsenbande" und sagte, wenn sie fertig seien, nehme er das mit.

Ich pflegte damals eine schöne Tradition: Jedes Jahr zu Weihnachten sang ich im Rathaus für die vielen Menschen, die in ihrem Leben nicht so viel Glück hatten wie ich. Sobald unsere Kinder groß genug waren, nahm

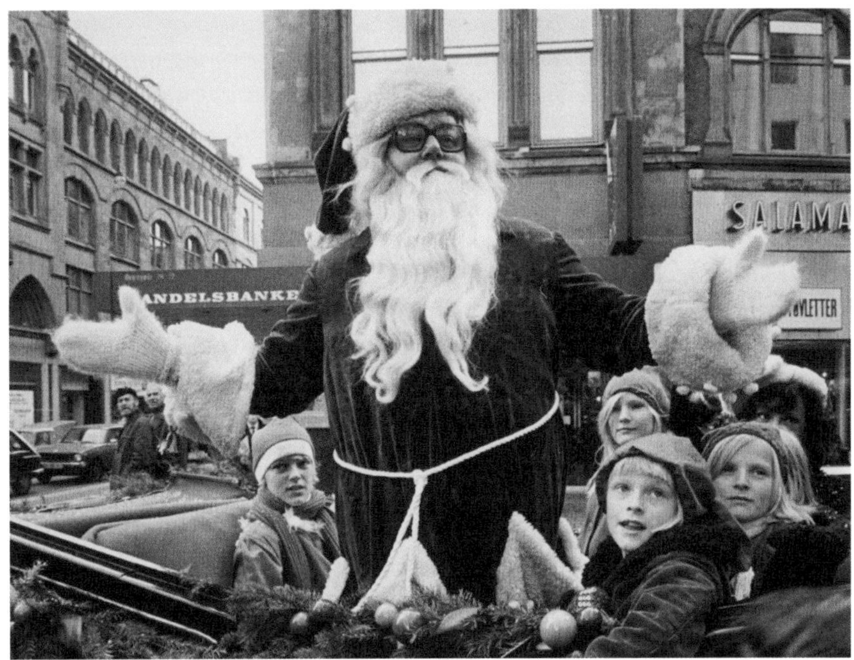

Als Weihnachtsmann für die „Magasin"-Kaufhäuser.
(Foto: Ebbe Andersen)

ich sie mit. Sie sollten erleben, dass es nicht allen im Leben gut ging, und auf diese Weise lernen, ihr eigenes besser zu würdigen. Nach so einem Abend sagte Helle auf dem Heimweg zu mir: „Das ist ungerecht, Papa. Warum haben all diese Menschen kein Zuhause, wo sie Weihnachten feiern können?"

Neben den Benefizkonzerten im Rathaus spielte Poul Bundgaard auch jahrelang für die „Magasin"-Kaufhäuser den Weihnachtsmann und eröffnete damit in und um Kopenhagen die Adventszeit. Er war sich der bösen Stimmen bewusst, die das als kommerziellen Humbug kritisierten. Für ihn stand jedoch die Freude im Vordergrund, die er den Kindern bereitete. Und er riet allen, die Heiligabend Weihnachtsmann spielen wollten, davon ab, wenn sie sich nicht ihr kindliches Gemüt bewahrt hätten.

Davon hatte Poul selbst kein bisschen eingebüßt. Ebenso wichtig wie das Weihnachtsevangelium, das er seinen Kindern Jahr für Jahr vorlas, waren für ihn eine überbordende, teils selbstgefertigte Weihnachtsdekoration und natürlich die Geschenke. Je mehr, desto besser. Alle sorgfältig verpackt. Auch für den Hund lag ein Präsent unterm Baum.
Am liebsten hatte er Tannen, die nicht besonders ebenmäßig waren, sondern eher schief und krumm – so wie die Natur sie eben erschaffen hatte. Zur Krönung der Bescherung holte er seinen obligatorischen Karton mit Überraschungen hervor, die er aus einem Katalog bestellt hatte, völlig sinnlose Sachen wie Zehnagelreiniger, elektrische Fusselentferner, Feuerzeuge in Toilettenform, und freute sich, wenn die Kinder eine Scheußlichkeit nach der anderen auspacken mussten. Er war immer noch ein großes Kind und lebte mit der Familie seine Freude an Spiel und Spaß ausgiebig aus.

26 Die Siebzigerjahre

Die Kinder gediehen – das Leben war schön!

Kirsten wurde von unserem alten König, Frederik dem IX., zum Ritter des Dannebrog ernannt. Wir waren in der Stadt gewesen und als wir nach Hause kamen, lag eine Nachricht im Briefkasten, auf der Post läge ein Einschreibebrief für Kirsten. Ich fuhr hin und als ich den Brief in den Händen hielt, sah ich auf der Rückseite den Absender „Ordenskapitel". Wie freute ich mich für sie! Auf dem Heimweg brach ich alle Geschwindigkeitsrekorde und legte mir eine kleine schöne Rede zurecht, die ich halten wollte, wenn ich ihr das Kreuz überreichen würde. Doch als ich vor ihr stand, überwältigten mich die Gefühle, sodass ich nur sagen konnte: „Kirsten, bitte sehr!"

Einige Zeit später sollte sie zum König, um sich zu bedanken. Ich fuhr sie hin und zog mich diskret zurück. Ich wartete und wartete. Nach einer geschlagenen halben Stunde kam endlich Leben in die rund zwanzig Gardisten, die vor der großen Tür Wache hielten. Man hörte Kommandos, die Gewehre flogen zur Schulter, alle standen stocksteif. „Da kommt sicher ein hohes Tier", dachte ich. Nichts hat mich je so umgehauen – denn wer schritt die Front ab? Kirsten! Ich war so verdattert, dass ich den Wagen nicht anbekam. Endlich gelang es mir, ich fuhr vor, sprang aus dem Auto, öffnete galant die Tür und half der Ritterin hinein. Auf dem Heimweg erzählte sie, dass sich ihr Gespräch mit dem König vor allem um mich gedreht habe. Was ein kleiner Ausgleich dafür war, dass nicht ich das Kreuz bekommen hatte.

1971 war ich unter anderem in der Fernsehproduktion „Livsens Ondskab" (*Tücke des Lebens*) dabei. Ich hatte – ich weiß gar nicht, weshalb – die Rolle des Fresssacks bekommen, den „Luxusbauch". Wie man sich vielleicht erinnern wird, endet meine Rolle damit, dass ich mich schlicht und ergreifend totfresse. Ich bekam ein schönes Begräbnis, aber was man nicht hören konnte – das konnten nur die, die meinen Sarg trugen –, war eine Stimme aus dem Sarg, die sie bat, ruhiger zu gehen. „So ist es gut, ja, haltet den Sarg gerade ..." Der Tonmeister hatte einen Sender im Sarg angebracht, ein grober Scherz, aber nachher fanden wir ihn alle gut – also, nachdem wir den ersten Schreck überwunden hatten. Viele haben mich gefragt, ob ich die herrliche Tafel nicht genossen hätte. Dazu kann ich nur sagen: „Doch, am ersten Tag." Ich glaube, wir brauchten fünf Tage für die Szenen an der Tafel. Und da wir nichts anrühren durften, es sollte ja so aussehen, als wäre nur eine Stunde vergangen und nicht fünf Tage, war das ganze Essen verdorben und stank fürchterlich.

Wie sehr die Rolle des „Luxusbauchs" der Wirklichkeit entsprach, konnte auch der Pianist Niels Bondesen erleben. Er war mit Poul viele Jahre drei, vier Mal in der Woche zu Auftritten unterwegs. Immer in großen amerikanischen Autos. Die liebte Poul Bundgaard. Einmal aber holte er Niels in einem Jaguar ab. Sein Arzt habe ihm zu mehr Bewegung geraten, sagte Poul. Deshalb habe er sich ein Auto gekauft, wo er mit der Hand schalten müsse. Was allerdings keinen Einfluss auf den obligatorischen Reiseproviant hatte – eine große Tüte Kuchen und ein Handschuhfach voller Lakritze und Schokolade. Trotz der Wegzehrung war Poul nach jedem Auftritt hungrig. Also ging es an einen reich gedeckten Tisch mit Suppe, Fisch, Braten und Eis. Danach weiter zum nächsten Auftrittsort. Dort wiederholte sich das Ganze. Und so ging es immer weiter. Erst Musik, dann Menü, obwohl es Niels schon längst zu den Ohren rauskam. Doch protestieren galt nicht. Wenn sie am Abend zurückkamen, wartete Kirsten mit einem üppigen Nachtmahl auf sie. Die Begleitung am Klavier war für Bondesen leicht, die Begleitumstände weniger.

Ich weiß nicht mehr, ob es dieser Film war, der einige füllige Schauspieler zu einem Abmagerungsklub inspirierte. Wir nannten ihn „Skelettklub", weil man ihn nur verlassen konnte, wenn man starb. Ja, das klingt unheimlich, war aber für viele von uns, die gerne aßen, eine große Hilfe.

Anfang Oktober trafen wir uns zum „Wiegen". Das gestaltete sich immer als großes Fest. Um dreizehn Uhr fanden wir uns zum Gemeinschaftsessen im Gourmettempel „Imperial" ein. Es gab viele Gänge mit vielen Kalorien und wir aßen alles brav auf, schließlich ging es darum, erst mal so viel wie möglich im Magen zu haben, bevor wir gewogen wurden.

Einmal hatten wir ein verrücktes Fest. In der Einladung stand, wir sollten uns diesmal ganz besonders elegant kleiden, da die Leitung ein paar schöne Tischdamen dazu gebeten habe. Als wir in unseren Speisesaal kamen, empfing uns eine richtige englische Damenkapelle und spielte für uns. Das war ein flotter Auftakt. Kurz bevor das Essen serviert wurde, bekam jeder eine Augenbinde um. Als meine Dame neben mir Platz genommen hatte, schaffte ich es, unter dem Tuch hervorzulugen – und was sah ich? Nun, sehr schöne Damenbeine. Wie waren wir gespannt! Endlich kam der lang ersehnte Befehl: „Jetzt dürft ihr das Tuch abnehmen!" Wir rissen es herunter – und was sahen wir? Unsere eigenen Frauen! In dieser Art hatten wir viele Feste.

Nach der Mast gingen wir in die Kopenhagener Badeanstalt, aber ohne Damen. Dort stand der Bademeister bereit und notierte das Gewicht jedes einzelnen Mannes. In den darauffolgenden Wochen riefen sich unsere Ehefrauen gegenseitig an und mussten unter Eid peinlich genau unser Gewicht angeben. Die Ergebnisse wurden dann an sämtliche Mitglie-

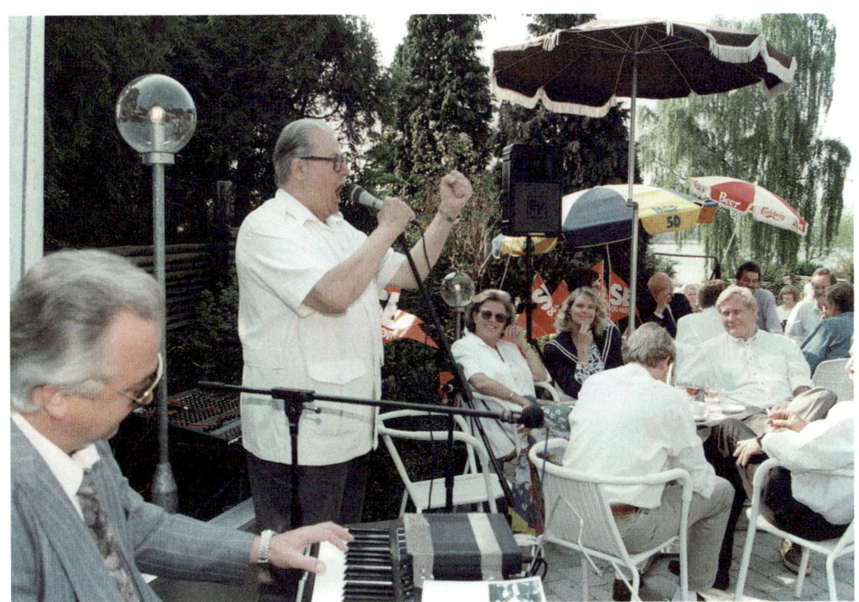

Mit Pianist Niels Bondesen zu Auftritten im ganzen Land unterwegs. (Foto: privat)

der geschickt. Wer zugenommen hatte, musste eine erkleckliche Strafe bezahlen. Jeder von uns wusste, dass er zu Weihnachten unweigerlich zunehmen würde, sodass es ganz hilfreich war, übers Jahr sechs, sieben Kilo loszuwerden, damit man sich den Tafelfreuden des Festes mit gutem Gewissen hingeben konnte.

In Kirstens Erinnerung gelang es Poul nur ein einziges Mal abzunehmen. Wer das meiste Gewicht verloren hatte, hatte gewonnen. Als Preis winkte ein Skelett in einer kleinen schwarzen Kiste, das man bis zum nächsten Jahr behalten konnte. Der Skelettklub war nur einer von mindestens zwanzig Klubs, in denen Poul Mitglied war. Daneben gab es den Petersilien- und den Gulaschklub wie auch die feinere Variante des Cahors-Wein-Klubs. Poul liebte es, Medaillen zu kreieren und in seinen Klubs für alle möglichen Verdienste zu verleihen. Jeder war in irgendetwas ein Weltmeister und schon hatte man wieder Grund, eine Flasche Champagner zu öffnen. Für jeden Klub besaß er eine bestimmte Uniform, in der er sich der Familie vorstellte, bevor er das Haus verließ: „Na, was sagt ihr?" Es waren alles reine Herrenklubs. Aber Poul brauchte diese Männerdomäne, um seine Frau und seine Kinder danach nur noch mehr zu lieben.

Wie ich schon angedeutet hatte, verstanden sich der Ballettmeister und meine Frau nicht besonders gut. Da passierte etwas, das dieses Problem von allein löste. Die alte Krankheit in ihrem Bein brach wieder aus, sie musste mit dem Tanzen aufhören. Nach neunundzwanzig Jahren am Königlichen Theater endete ihre Karriere. Das war für uns alle ein harter Schlag, aber als wir uns etwas erholt hatten, sahen wir Licht am Horizont. Und nach einiger Zeit, die Kirsten nur mit den Kindern und mir zu Hause verbracht hatte, war sie auch wieder glücklich. Ich hatte Angst gehabt, sie würde sich vor Sehnsucht nach dem Ballett verzehren, aber heute sagt sie: „Nach den vielen guten Jahren, in denen ich das Glück hatte, so viele schöne Partien an unserem Theater und überall in der Welt tanzen zu dürfen, ist es eine Gnade aufzuhören, bevor man zu alt ist.“ Sie hat es niemals bereut. Und wir freuten uns, sie jetzt ganz für uns allein zu haben.

Da sie nun plötzlich viel Zeit hatte, konnte sie sich auch richtig um ihren „Neapel“-Klub kümmern. Auch bei dieser Sache war sie die Initiatorin, diejenige, die uns anfeuerte. Sie verstand gleich, wie viel es ihrem alten Mann und seinen Freunden bedeutete, sich hin und wieder zu treffen. Sie hat etwas geschaffen, das uns allen wichtig ist. Man sagt so oft – und meint es auch: „Wir müssen uns bald sehen, alter Freund.“ Aber wenn man niemanden hat, der einen zusammenbringt, wird das nie was.

27 Zirkusrevue

Ich spürte, dass meine Zeit am Königlichen Theater vorbei war, und als der Direktor der Zirkusrevue, Preben Kaas (*Dynamit-Harry in der Olsenbande*), mir ein gutes Angebot machte, konnte ich nicht nein sagen. Ich wurde von meiner Arbeit am Königlichen Theater entbunden und verließ es ohne Groll.

Preben und ich mochten uns und in den vier Jahren, die ich bei ihm war, wurde eine herzliche Freundschaft daraus, die bis zu seinem Tod andauerte. Das Zugpferd der Zirkusrevue war Dirch Passer, was Dirch mir vor der Premiere schonend beizubringen versuchte. Er war rührend in seiner Verlegenheit, aber ich konnte ihn sofort beruhigen, dass mir das vollkommen klar sei und ich ihn nach Kräften unterstützen wolle. Dieses Versprechen hielt ich, vielleicht wurden wir deshalb so enge Freunde.

Während der Vorstellung rührte Dirch keinen Tropfen Alkohol an, trank aber danach gern ein paar Gläser. Ich dagegen trank vor der Vorstellung gern einen Schnaps, der nahm mir die schlimmste Aufregung. Es war eine schöne Zeit, ich denke oft daran zurück und schwelge in Erinnerungen. Einmal fiel ich durch eine Falltür im Bühnenboden und Dirch improvisierte sofort: „Na, Poul, da hast du ja endlich deinen Durchbruch!" Der Witz kam so gut an, dass Preben mich allen Ernstes bat, das jeden Abend zu wiederholen. Das war nun aber doch zu viel verlangt.

Dirch lachte unglaublich gern und musste deshalb auf der Bühne aufpassen. Eines Abends stand ich hinter den Kulissen und sah ihm bei seinem Auftritt zu. Dabei nahm ich einen Bissen von meinem mitgebrachten Brot. Das sah er und warf mir danach im Spaß vor, seiner Kunst nicht genügend Respekt zu erweisen. Das Ganze artete darin aus, dass ich während seiner Nummer immer mehr aß, bis ich am Ende auf Prebens Veranlassung bei einem opulenten Candlelight-Dinner saß und von einem Kellner bedient wurde. Ich verspeiste Suppe, Fisch und Braten. Als Dirch das alles sah, brach er vor Lachen zusammen. Nur unter Aufbietung aller Kräfte konnte er weitermachen.

Am nächsten Tag nahm er grausame Rache. Ich hatte ein kompliziertes Lied zu singen und bekam dabei ab und zu von der Souffleuse Hilfe. Als ich an diesem Abend hinunterschaute, sah ich mit Schrecken, dass Dirch im Souffleurkasten saß. Er kauerte in diesem winzigen Raum mit einem brennenden Luciakranz auf dem Kopf! Ich hatte natürlich sofort einen Hänger und sah zu Dirch hinunter, der nur sagte: „Das steht hier nicht." Und kurz darauf: „Das steht hier auch nicht!"

Inzwischen hatte das Publikum mitbekommen, dass da irgendetwas los sein musste, und als Dirch nach einer Weile seinen Kopf aus dem Kasten zwängte, brüllten die Leute vor Lachen. Er war glücklich.

Eines schönen Tages beschloss ich, dass ich mich finanziell absichern müsste. Gemeinsam mit einigen Freunden, unter ihnen mein Schwager, ein Schiffsreeder und unser Nelkenkönig, kaufte ich das Restaurant Valencia. Die täglichen Geschäfte führte der Reeder und einige Monate lief das auch gut. Ich genoss es, wenn ich meine Freunde zu einem Smørrebrød und ein paar Getränken einladen konnte. Und die Goldene Hochzeit meiner Eltern feierten wir dort natürlich auch. Vorher waren wir mit ihnen aber in unserem Zirkuszelt auf dem Bakken (*Vergnügungspark*). Dort hatte Preben schon alle Vorbereitungen getroffen. Auf jedem Stuhl lag eine Schachtel Streichhölzer und nachdem meine Eltern auf der Bühne den Brautwalzer getanzt hatten, erhoben sich alle Zuschauer auf Prebens Signal mit einem brennenden Streichholz in der Hand. Das war ein wunderschöner Anblick und viele von uns hatten sicher Tränen in den Augen.

Als ich am 25. August mein fünfundzwanzigjähriges Künstlerjubiläum hatte, wurde auch das auf dem Bakken gefeiert. Nach jeder Nummer tauchte Preben aus den merkwürdigsten Ecken auf der Bühne auf und überreichte mir eine Rose. Nach der Vorstellung hielt Dirch für mich eine rührende Rede. Auch sonst verlief der Tag alles andere als still. Dreihundert Gratulanten fanden sich ein und mittendrin marschierte plötzlich die Mädchengarde von Gladsaxe auf. Das hatte Kirsten organisiert. Ja, es war Jubel, Trubel und Heiterkeit in dem alten Haus, und im Valencia machten wir weiter.

Bei dieser Gelegenheit ergriff auch Sigrid Horne Rasmussen das Wort. Sie ging auf die Bühne und meinte, es wäre doch wohl an der Zeit, zur Unterhaltung beizutragen. Wie alle anderen hatte sie schon ein paar Gläser intus. Und als ihr ein Gast höflich das Mikrofon reichte, warf sie es höhnisch beiseite und machte uns darauf aufmerksam, dass sie sich in diesem kleinen Lokal ja wohl auch ohne technische Hilfe Gehör verschaffen könne. Wir waren so an die hundert Leute, sie sah auf jeden einzelnen herab, und dann legte sie los: „Ach, wie ihr euch jetzt alle versteckt, der eine mehr, der andere weniger – nun sitzt doch nicht da und spielt so scheißvornehm! Was ist das für ein florumwundener Quatsch, den ihr erzählt? Nennt die Dinge doch beim Namen! Also, lieber Poul, wir beide haben wohl nichts voreinander zu verheimlichen, ich meine, wir haben uns doch geliebt!“ Und es kam noch mehr von dieser Art – sie war ein ganz wundervolles Mädchen und ein Freund.

28 Ein halbes Jahrhundert

1972 wurde ich fünfzig.

Am Königlichen Theater spielte ich noch in Dario Fo's „Siebentens, stiehl ein bisschen weniger", dann war mein Vertrag nach fünfzehn Jahren beendet. In der Zirkusrevue hatte ich in dem Jahr eine Nummer über Per Hækkerup (*seinerzeit sozialdemokratischer Außenminister*). Das Lied war gut geschrieben, aber ich schämte mich, es zu singen. Es war zu drastisch und zog diesen anständigen Mann durch den Dreck. Nach der Premiere titelte eine der großen Zeitungen: „Der perfekte politische Mord". Ich grämte mich so sehr, dass ich Per Hækkerup anrief und um ein Treffen bat. Als ich in seinem Ministerium mit meinen Entschuldigungen begann, reagierte er ganz gelassen: „Lieber Bundgaard, ich lache gern über mich, und im Übrigen habe ich weder etwas gegen den Text noch gegen die Darbietung." Das hat meine Stimmung gleich verbessert.

Wir waren in der Revue wieder ein starkes Ensemble und hatten erneut einen schönen Sommer. Ob sich die Leserinnen und Leser den Bakken wohl richtig vorstellen können, wenn alle Menschen nach Hause gegangen sind und wir Freunde gemütlich in Prebens Büro sitzen und bei gutem Essen und kaltem Schnaps entspannen? Es ist ganz still, man genießt die Ruhe nach all dem Trubel und Lärm in der Revue.

Auch im nächsten Jahr erwartete uns ein schöner Sommer auf dem Bakken und mich eine schöne Nummer mit dem Titel „Ökonomische Demokratie". Leider bekam ich in der Zeit starken Diabetes, was zur Folge hatte, dass ich mir die Texte nicht mehr merken konnte. Meine Nerven lagen blank, ich musste Kirsten bitten, mitzukommen und meine geistige Garderobiere zu sein. Sie kam sofort und kümmerte sich vierzehn Tage lang um mich, sonst hätte ich mich nicht auf die Bühne getraut. Einfach, dass sie da war, gab mir Kraft für meine Arbeit. Sie hat mich in unseren vorläufig sechsundzwanzig Jahren wirklich so gut versorgt und betreut, dass ich das ab und zu bei meinen Freunden erwähne, und dann sehen sie mich an, als spräche ich über einen Menschen von einem anderen Stern.

Poul war wahnsinnig stolz auf Kirsten. Bei beiden war es die große Liebe. Das spürte man, sagt Morten Grunwald. Kirsten sei wohl das größte Geschenk in Pouls Leben gewesen.

Preben lud Dirch und mich nach jeder Saison zu einer Auslandsreise ein. Wir waren in England, Amerika und Thailand. Vor der Abreise nach Bangkok mussten wir verschiedene Impfungen über uns ergehen lassen und ich jammerte, wie furchtbar das alles sei. Selbst als Kirsten mir eine große Beule an ihrer Schulter zeigte, die von einem giftigen Mückenstich stammte, wie sie sagte, war mein einziger Kommentar dazu: „Dann solltest du erst mal meine Impfungen erleben!"

Preben hatte mir versprochen, dass mich jede Nacht ein schönes Mädchen in meinem Bett erwarten würde. Ich lehnte diese Ehre dankend ab, doch Preben warnte: „Wenn du nicht willst, kommst du nicht mit!" Da willigte ich eben ein und dachte, dass ich das Mädchen ja wegschicken könne, wenn Preben im Bett war. Käufliche Liebe war noch nie etwas für mich gewesen. Am Flughafen umarmte ich Kirsten zum Abschied und sagte: „Hoffentlich wirst du dich nun nicht die nächsten drei Wochen langweilen!", worauf sie erwiderte: „Das hoffe ich auch, ich komme nämlich mit!"

Sie war also die Dame, die Preben mir versprochen hatte. Bei der Gelegenheit klärte sich auch auf, dass sie am selben Tag und beim selben Arzt wie ich zur Impfung war, nur zehn Minuten später. Die Geschichte von der giftigen Mücke war reine Erfindung. Und da hatte ich ihr erzählt, wie schrecklich diese Impfungen waren! Ich schämte mich.

Preben drohte mir oft zum Spaß, mich zu feuern, und hätte das jetzt auch getan, wenn ich mich nicht gefreut hätte, Kirsten dabei zu haben. Wir hatten einen guten Flug und tranken nicht zu wenig.

Der erste Abend ist unvergesslich. Wir waren zum Empfang beim schwedischen Konsul. Er schlug an sein Glas und sagte: „Ich heiße Sie alle herzlich willkommen! Nebenbei mache ich Sie darauf aufmerksam, dass wir hier in Bangkok eine der höchsten Syphilisquoten im Osten haben – viel Spaß!" Ich ergriff Kirstens Hand und murmelte: „Gott sei Dank bist du mit!"

Einmal saßen wir in einem feinen Lokal und tranken Kaffee. Ich gehe immer mit Hosenträgern, damit ich den Bund etwas lockern kann, ohne die Hosen zu verlieren. Nach ein paar Cognacs musste ich mal. Ich erhob mich und stand plötzlich in Unterhosen da, meine Hosen lagen auf dem Fußboden. Ich hatte vergessen, dass ich an diesem Tag keine Hosenträger trug. Drei vornehme ältere englische Damen hatten sicher schon lange keinen Mann mehr ohne Hosen gesehen, denn sie schrien erschrocken auf und hielten sich die Augen zu. Ich schämte mich, zog die Hosen hoch und rannte zur Toilette. Dort blieb ich eine Zeitlang, weil mir ehrlich gesagt bei dem Gedanken zurückzugehen ein wenig mulmig war. Als ich endlich all meinen Mut zusammengenommen und mich wieder an den

Tisch gesetzt hatte, ging ein Mann mit klingelndem Glöckchen durch den Raum: „Mr. Bundgaard, you must go to the frontdesk!" Ich stürzte hinaus, ich hatte Angst, den Kindern könne zu Hause etwas zugestoßen sein. Der Portier überreichte mir ein geschlossenes Kuvert, ich riss es auf und las: „Du bist gefeuert – Preben." Er ließ keinen Spaß aus.

Bei der Amerikatour gab es kein Taxi, als wir aus dem Flughafen kamen, und so kaufte Preben schnell einen schicken, aber alten Wagen. Dann fiel ihm plötzlich ein: „Ach herrje, ich hab ja gar keinen Führerschein mit!" Ich tappte in die Falle: „Aber ich hab einen internationalen Führerschein!" Sofort kam es von Preben und Dirch wie aus einem Mund: „Na dann ist ja alles gut!" Das Ende vom Lied war natürlich, dass ich fuhr und fuhr und mir nie erlauben konnte, auch nur das Geringste zu trinken. Was haben sie sich über mich lustig gemacht!

In Las Vegas wohnten wir in einem großen Luxushotel, das so eingerichtet war, dass man immer durch den riesigen Spielsaal musste, egal wohin man wollte. Natürlich spielten wir, es war ja für jeden Geschmack und Geldbeutel etwas dabei. Eines Abends kam ich im Smoking, steuerte das teuerste Spiel an, man machte mir höflich Platz, aber ich ging vorbei und weiter zu einem gewöhnlichen Spielautomaten. Höhnische Blicke verfolgten mich, was für ein armer Schlucker! Das genoss ich sehr. Auch wenn ich von den hübschen Damen in superkurzen Minikleidern, die kostenlose Drinks servierten, an diesem Abend übergangen wurde. Im Übrigen liefen da auch große attraktive Männer mit Pistolen am Gürtel herum.

Ein anderes Mal war ich an einem Spieltisch und gewann einen Haufen Geld. Dirch war am selben Tisch und gewann ebenfalls. Plötzlich drehte er sich weg: „Ich hab keine Lust mehr, das ist zu leicht." Verschwand und hinterließ einen Berg Jetons. Ich nahm sie an mich und ging zur Kasse, um sie einzulösen. Am nächsten Morgen fragte ich Dirch: „Na, alter Knabe, hast du gestern gewonnen?" Dirch konnte sich an nichts mehr erinnern und schüttelte den Kopf: „Nein, Poul, Leute wie ich gewinnen nicht." Da legte ich ihm 10 000 Dollar auf den Tisch: „Das ist alles deins, das hast du gestern gewonnen." Sein Erstaunen war groß und seine Freude auch. Eines Nachmittags rief ich von meinem Zimmer aus bei meinen Eltern an. Dirch hatte sein Zimmer genau neben meinem und konnte das Gespräch verfolgen. Was zu einer seiner Lieblingsgeschichten wurde.

Mein Vater war am Apparat, und ich sagte: „Guten Tag, Papa, hier ist dein alter Sohn, der dich vom anderen Ende der Welt aus anruft." Mein Vater hörte sehr schlecht, ich wiederholte also etwas lauter: „Hier ist Poul, ich bin in Amerika!" Als mein Vater noch einmal fragte: „Wer spricht da?", verlor ich die Geduld und rief: „Gib mir bitte Mama!"

1974 war mein letztes Jahr in der Zirkusrevue. In einem Sketch mit Dirch spielte ich einen Guru. Für diese Nummer trug ich ein angeklebtes Bärtchen. Einen Abend hatte ich mir – um mit Dirch einen Scherz zu treiben – den größten Bart ausgesucht, den ich finden konnte. Als er auf die Bühne kam, stand ich mit dem Rücken zu ihm. Dann drehte ich mich um, Dirch sah meinen Bart und wir bekamen so einen Lachanfall, dass wir fast abgehen mussten.

Nun darf man aber nicht annehmen, dass wir ständig herumgealbert hätten, wir nahmen unsere Arbeit sehr ernst, aber wenn wir unsere Späße machten, freuten wir uns wie kleine Jungen. Und die waren wir auch.

29 Die Alten sterben

1975 starb Kirstens Mutter an ihrem 44. Hochzeitstag. Das war ein harter Schlag für die Familie. Wir brauchten Ferien und flogen nach Teneriffa, allesamt, die Kinder, meine Eltern, unsere Tante, Kirsten und ich. Dabei konnten wir sehen, ob drei Generationen in der Lage sind, gemeinsam Ferien zu machen, und es überstieg alle Erwartungen, denn wir verbrachten vierzehn schöne Tage. Fünf Tage nach unserer Rückkehr fuhren Kirstens Vater und ich nach Grönland, wohin uns der dänische Nelkenkönig zusammen mit acht weiteren Männern eingeladen hatte. Es war ein großartiges Erlebnis und für meinen Schwiegervater die Reise seines Lebens. Auf einer Fahrt mit dem Motorboot sahen wir die Eisberge kalben. Um uns herum stießen die Gletscher riesige Eisberge aus – mir fehlen die Worte, um das zu beschreiben. Der Skipper war ein großer, zäher Kerl, dem man mit Ehrfurcht begegnete. Er war Vater einer ganzen Kinderschar und wenn man vorsichtig fragte, warum es so viele geworden sind, sagte er nur: „Was zum Teufel soll man sonst hier machen?" Als er mit fünfundsechzig eine junge, schöne Grönländerin von ungefähr fünfundzwanzig Jahren heiratete und der Pastor den Grund wissen wollte, erwiderte er nur: „Ich bin in einem Alter, lieber Herr Pfarrer, in dem ich bald einen Begleithund brauche, und finde es schön, wenn ich mich mit ihm unterhalten kann." Langweilig war er nicht!

Es war eine atemberaubende Tour.

Mein geliebter Vater starb 1976. Er wurde zweiundachtzig. Jahrelang hatte ich Angst gehabt vor dem Tag, an dem ich meinen Vater verlieren würde. Ich war mir sicher, es nicht ertragen zu können. Papa war mein bester Freund, mein Kamerad und mein Vertrauter. Meine Gesangsstimme hatte ich von ihm geerbt. Er war einzigartig. Ich hatte keinen Vaterkomplex, aber ich liebte und achtete ihn. Meine Eltern kamen mindestens einmal in der Woche zum Abendessen zu uns. Nach dem Kaffee brachte Kirsten Knabbereien auf den Tisch. Wasser und Whisky stellte sie in die Mitte, damit jeder auch gut herankam. Dann wurden die Karten herausgeholt und bis nach Mitternacht gespielt. Meine Eltern waren ein fester Halt in Kirstens und meinem Leben. Und als Großeltern wurden sie von unseren drei Kindern geliebt. Ich war auf dem Weg nach Helsingør, als Kirsten auf meinem Autotelefon anrief und mir schonend beibrachte, dass Vater gestorben sei.

Drei Monate zuvor hatten wir für ihn ein gutes Pflegeheim gefunden. Mama schaffte es nicht mehr allein mit ihm, er war ein bisschen senil geworden, auch wenn er zwischendurch immer mal wieder klar war. Dreimal fuhr ich jetzt am Pflegeheim vorbei, bis ich endlich den Mut hatte, zu ihm zu gehen. Er lag in seinem Bett, er war gar nicht krank gewesen, sondern einfach ruhig eingeschlafen. Er starb woanders und dennoch zu Hause, denn er hatte die Einrichtung eines Zimmers, in dem er mit Mama über fünfzig Jahre gelebt hatte, mit ins Heim bekommen.

Dass Vater ein bisschen senil geworden war, half mir über meine Trauer hinweg. Es war dieses stolzen und selbstbewussten Mannes nicht würdig, plötzlich nicht mehr allein zurechtzukommen. Mit Grauen erinnere ich mich an den Tag, als wir ihn ins Pflegeheim brachten. Wir redeten hektisch durcheinander, wie gut Papa es doch nun haben würde; er nahm an diesem Gespräch teil. Als wir gehen wollten, rief er mich zurück und sagte: „Mein lieber Junge, ich hätte nie gedacht, dass du mir so etwas antun würdest!" Er war plötzlich ganz klar und umarmte mich trotzdem liebevoll mit tränenüberströmten Wangen. Seine Worte haben sich in mir eingebrannt.

Als ich an seinem Totenbett stand, fing ich auf einmal an mit ihm zu sprechen, als ob er noch leben würde. Es war eigenartig, aber sehr schön, einfach so dazustehen und ihm Dank zu sagen. Nach einer halben Stunde sagte ich ihm zum letzten Mal Lebewohl, schloss leise die Tür hinter mir, ging, einsam und verlassen, so empfand ich es, zu meinem Auto, fuhr zu Mama und tröstete sie.

30 Gute Rollen und Reisen

Meine erste anspruchsvolle Rolle bekam ich 1977 im Fernsehtheater als Osborne in Leif Panduros „Louises hus“ (*Louises Haus*). Ganz entgegen meiner früheren Rollen musste ich einen hartgesottenen Burschen spielen.

Eine andere schöne Rolle hatte ich in Tom Kristensens „Hærværk“ (*Roman einer Verwüstung*) und wurde dafür sogar mit einer Bodil ausgezeichnet.

Silvester war Premiere von „Warten auf Godot“. Morten Grunwald, der zu diesem Zeitpunkt das Bristol Theater leitete, hatte die Idee, dass wir drei von der Olsenbande, also Morten, Ove und ich, Becketts Klassiker spielen sollten. Was für ein wunderbares Stück, das wir da spielen durften! Zu Anfang etwas unverständlich, aber dank unserer Regisseurin Lily Weiding (*Ehefrau von Morten Grunwald*) gelang es uns, den Stoff zu durchdringen, sodass sich uns die Genialität des Stückes offenbarte.

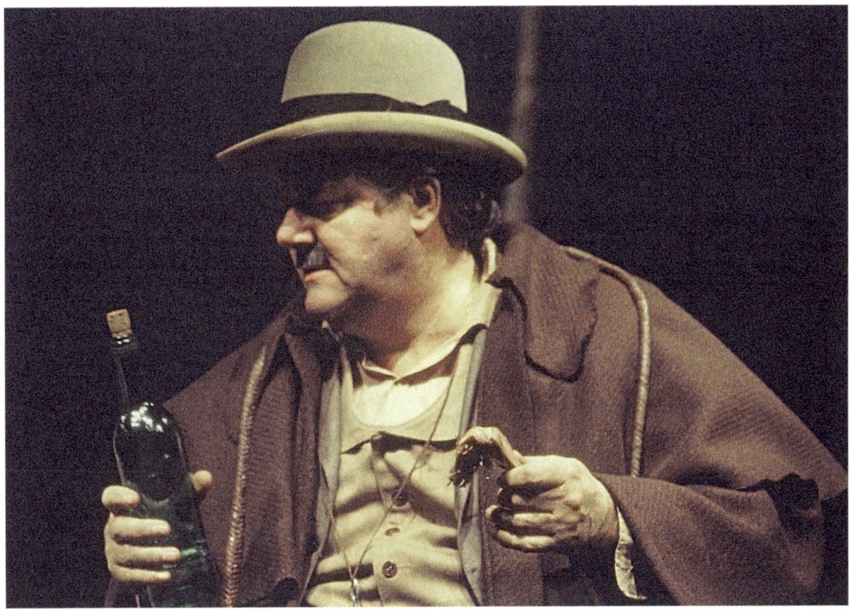

Als Pozzo in „Warten auf Godot“.
(Foto: Morton Grunwald)

Als stolzer Vater möchte ich darauf hinweisen, dass mein Sohn Peter sein Debüt als Sendbote von Godot hatte. Die Zeitungen schrieben fast so, als sei er die Hauptperson des Stückes. Was für Lobeshymnen auf ihn und was für ein Silvester, als wir schließlich nach Hause kamen!

Poul hütete seine Kinder wie eine Glucke und war nun unendlich stolz auf seinen Jüngsten. Er selbst war großartig in seiner Rolle.
Bevor Poul, Ove und Morten auf die Bühne mussten, hatte es ringsherum mucksmäuschenstill zu sein. Eine Minute vor ihrem Auftritt trippelten die drei auf der Stelle und klopften sich auf die Schulter: „Na los, na los!"

Bis dahin war 1977 ein gutes Jahr gewesen, aber der Sensenmann holte sich noch jemanden aus unserer Familie. Meine Mutter starb. Sie hatte es nie verwunden, dass Vater nicht mehr da war. Zwar versuchte sie tapfer, sich auch weiterhin am Familienleben zu beteiligen, aber ihre Kräfte schwanden und am Ende erlag sie einer schweren Krankheit. Die letzten drei Monate ihres Lebens wohnte sie abwechselnd bei meiner Schwester und meinem Schwager und bei Kirsten und mir. Dieser lebensfrohe Mensch hielt bis zum Schluss bewundernswert durch.

Den letzten Monat lag sie im Wohnzimmer auf dem Sofa, nichts von wegen im Schlafzimmer weggesperrt werden. Einmal sagte sie: „Ich weiß, dass es mit mir zu Ende geht, aber noch bin ich da. Ach Kirsten, schenk mir doch einen kleinen Likör ein!" Sie war ein enthaltsamer Mensch, trank aber bei festlichen Gelegenheiten gern mal ein Gläschen.

Es war ein schwerer Monat, dieser letzte, sie lag da und wurde immer weniger, aber sie lächelte tapfer und versuchte, uns aufzumuntern. Irgendwann bat sie mich: „Bring mich ins Krankenhaus, Poul, ich kann nicht mehr." Am nächsten Tag besuchte ich Mama im Krankenhaus. Nachdem wir uns über alles ausgesprochen hatten, verschwand ich aus der Tür – und aus ihrem Leben. Sie starb am Tag darauf. Ich war ein erwachsener Mann von fünfundfünfzig Jahren – doch dass ich jetzt elternlos war, war eine schmerzliche Erkenntnis. Es tröstete mich, dass uns so viele gemeinsame Jahre vergönnt gewesen waren.

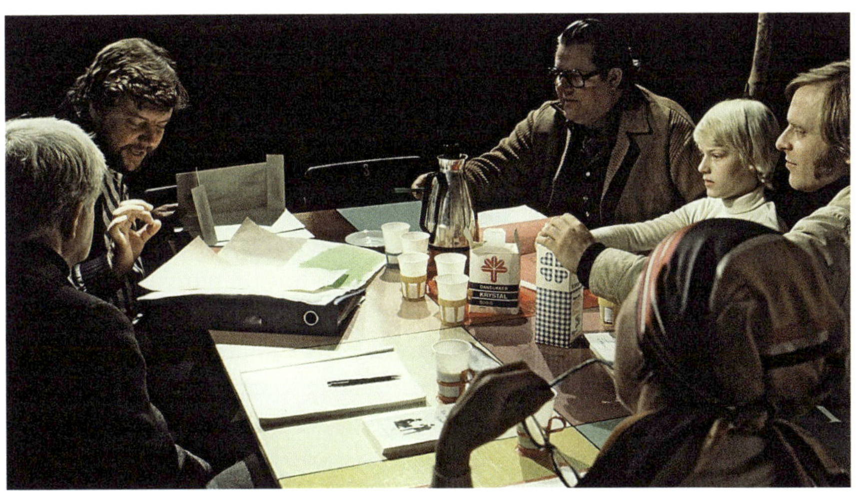

Leseprobe für „Warten auf Godot" mit Morten Grunwald und Ove Sprogøe. Neben Poul sein Sohn Peter. (Foto: Morton Grunwald)

Poul nutzte jede freie Minute. Wenn die Olsenbande in der Nähe der Eltern oder Schwiegereltern Aufnahmen machte, überredete er seine Kollegen Ove Sprogøe und Morten Grunwald, kurz bei ihnen vorbeizuschauen. Dann tranken die drei Bandenmitglieder mit ihnen eine Tasse Kaffee und Pouls Tag leuchtete, wie es Ove einmal beschrieb.

Nach dem Tod seiner Eltern war Poul in großer Trauer. Und doch wusste er, sie waren nicht weg. Er glaubte nicht nur an ein Leben nach dem Tod, er sah sich darin auch durch Kontakte mit den Seelen seiner Eltern und seiner ersten Frau Bente bestätigt.

Poul Bundgaard war tief gläubig und Mitglied einer Freimaurerloge. Immer wieder erhobene Vorwürfe, es ginge darin um Macht und Geld, wies er energisch zurück. Es gehe im Gegenteil um die fundamentalen Dinge. Um den Sinn von Leben und Tod, um Toleranz und Verständnis, darum, ein besserer Mensch zu werden.

1978 spielte ich etliche Filmrollen. Die beste war eine kleine, aber sehr gute in „Flitterwochen“ von Bille August. Ich war für meine Mitwirkung für die Bodil nominiert, bekam sie aber nicht. Der kleine Junge in mir war enttäuscht, aber das Leben ging ja glücklicherweise trotzdem weiter.

Ich hatte auch eine prachtvolle Rolle in einer Tournee mit Bernard Shaws „Der Teufelsschüler“. Nach der Premiere im Odense Theater hielt unser Kritikerkönig höchstpersönlich eine Laudatio auf mich. Der Leser möge mich entschuldigen, aber ich *muss* daraus zitieren. Schon bei der Überschrift fühlte ich mich wie im siebten Himmel. Da stand nämlich: „Bundgaards großer Abend.“ Und weiter: „Im Volkstheater hatte der Regisseur die Personen durch Karikaturenspiel verächtlichem Gelächter ausgeliefert. Hier entlarven sich die Personen selbst. Wo der eine die Figur des zynischen Immobilienhais Sartorius maßlos übertrieb, milderte Bundgaard sie ab – ohne auch nur eine Pointe zu verlieren. Im Gegenteil. Sein körperlich imposanter (im zweiten Akt schön geckenhafter) Ausbeuter wurde dadurch gefährlicher und auch wahrscheinlicher.

Er war autoritär und herzlich, ohne Sartorius´ falsche Attitüde als Wohltäter der Armen zu verbergen. Die Figur dominierte und trug den Abend und zeigte, wie talentiert Bundgaard seinen Tenorkorpus ins Schauspiel überführt hat. Indem er das Schurkenhafte unterspielte, war Bundgaard am stärksten. Ein gefährlicher Mann, weil er mit Freundlichkeit und Ruhe agierte und Sartorius nicht zur unglaubwürdigen Karikatur verkommen ließ!“

Das waren seine Worte. Man muss wohl Schauspieler sein, um zu verstehen, welche Freude mich erfüllte.

Die Berlingske Tidende organisierte eine Leserreise nach Kanada. Ich war zur Unterhaltung der Leute mit und Peter, damals vierzehn, unterstützte mich dabei aufs Beste. Es war eine fantastische Reise. In Kanada habe ich mich von allen fremden Ländern am wohlsten gefühlt. Ein unglaublich sauberes und freundliches Land mit einer Natur, die man gesehen haben muss, um zu glauben, dass es so etwas gibt. In der Schule hatte ich darüber gelesen – und nun war ich dort. Die Niagarafälle nahmen mir den Atem, ließen mich verstummen. Unter ihnen zu stehen, diese enormen Wassermassen zu sehen, den prachtvollen Klang des Wassers zu hören – das war ein Erlebnis fürs Leben! Noch nie hatte ich mich so klein gefühlt. Außerdem fühlt man sich in Kanada im Gegensatz zu vielen anderen Ferienorten auf der Welt wirklich in Sicherheit. Die Kanadier mögen Touristen und legen eine unglaubliche Hilfsbereitschaft an den Tag. Ich kann mich an keinen Volksschlag erinnern, der so ruhig und überhaupt nicht gehetzt gewirkt hätte – wie wohltuend das war!

Peter und ich waren auch überrascht, wie billig in Kanada alles ist. Ein Restaurantbesuch kostet nicht mal halb so viel wie bei uns.

Die Natur rund um Calgary war berauschend. Als stünde man in der Filmkulisse eines Westerns, nur war das hier Wirklichkeit. Die berühmten Rocky Mountains sind unbeschreiblich. Wir wohnten im größten Hotel dieser Bergkette, dem Banff Springs Hotel im Banff-Nationalpark. War es auch nicht das allermodernste Hotel, so war es doch, als käme man in ein altes Märchenschloss.

In Kanada trat ich mehrere Abende vor Dänisch-Kanadiern auf. Das sind unvergessliche Erlebnisse.

1979 waren Kirsten und ich in Rom.

Einen Abend wollten wir in die Caracalla-Oper. Wir standen in einer langen Schlange, die sich nur schleppend zum Kartenverkauf fortbewegte. Es war Gedränge, denn in der Oper haben 10 000 Menschen Platz. Plötzlich tauchte ein alter, unrasierter, ärmlich gekleideter Mann neben mir auf. Er begann zu erzählen, wie nur ein Römer es kann, und nach den nächsten zwanzig Metern Schleichgang wussten wir alles über ihn. Er kam mit einer rührenden Geschichte, wie er in seiner Jugend Gesang studiert, jedoch nie sein Ziel erreicht habe – ein Opernsänger zu werden. Als ich ihm sagte, dass ich selbst in diesem Fach herumpfuschen würde und meine Frau viele Jahre im Königlichen Ballett getanzt habe, weinte er fast vor Freude und flehte uns an: „Sie kennen mich nicht, aber ich bitte Sie von Mensch zu Mensch, vertrauen Sie mir! Leihen Sie mir Geld für eine Karte, damit ich heute Abend der Oper lauschen und vergessen kann, dass ich es selbst nie so weit gebracht habe. In zwei Tagen haben Sie das Geld in Ihrem Hotel wieder. Darauf gebe ich Ihnen mein Ehrenwort."

Ich hatte Lust, dem Mann eine Freude zu bereiten, kaufte einen der teuersten Plätze – und schrieb das Geld natürlich sofort als verloren ab. Und doch – wenn der Mann nur halbwegs die Wahrheit gesagt hätte und die Karte nicht gleich am Eingang verkaufen würde – hätten wir einen alten Mann glücklich gemacht!

Zwei Tage später stand ein uniformierter Chauffeur im Hotelvestibül und überbrachte uns Grüße von dem alten Mann. Er bat uns zu sich nach Hause, um dort das Geld in Empfang zu nehmen. Wir fielen aus allen Wolken, stiegen in den Wagen, einen großen Mercedes, und verbrachten wenig später einen der ganz großen Abende unseres Lebens. Der Mann war ein steinreicher italienischer Graf, der sich öfter mal diesen Spaß machte, wie er uns erzählte, um zu sehen, ob es noch Menschen gab, die einander vertrauten. Bei unserer Abreise war im Hotel keine Rechnung zu bezahlen. Das hatte der Graf erledigt.

31 Abschied von Freunden

Ich war auf Tournee mit Det Danske Teater und spielte die Titelrolle in „Knock oder der Triumph der Medizin“ von Jules Romains. Ich hatte großen Erfolg, und das schreibe ich nicht, um mich selbst zu loben, sondern weil ich mich freue, dass es mir noch einmal gelungen war. Das würde sicher die letzte Rolle sein, die ich am Theater spielen werde. Ich traute mich nicht mehr, weil ich Angst hatte, den Text zu vergessen. Künftig würde ich mich an Film, Radio und Auftritte halten, das ist ja auch nicht gerade langweilig. Lassen Sie mich deshalb noch einmal unseren großen Kritiker zitieren, der in seiner Besprechung des Stückes schrieb: „Poul Bundgaards Knock in der temperamentvollen Karikatur-Komödie war furchterregend und grotesk. Bundgaards Dr. Knock ist der unheimliche Machtmensch, aber gefährlich machen ihn vor allem die hypnotische Ausstrahlung, der Blick.“ Das war eine schöne Kritik, um diesen Teil meiner Karriere abzuschließen – verzeihen Sie mir die kleine Freude!

Was im Jahr 1980 alles andere überschattete, war der Tod von Dirch Passer.

Gestatten Sie mir, aus den Worten zu zitieren, um die man mich gebeten hatte, als ich die furchtbare Nachricht erhielt:

„Leb wohl, du großer, fröhlicher Junge“, so meine Überschrift. „Es ist 0:00 Uhr. Ich habe es gerade gehört. Ich bin zutiefst erschüttert. Nie habe ich einen Menschen mit so einem großen Pflichtgefühl getroffen wie dich. Das war über alle Maßen und vielleicht hat genau das dich dein Leben gekostet. Ich glaube es. Dein Respekt vor dem Theater, vor deinem Publikum, vor der dir verliehenen Gabe, die Leute die Mühen des Alltags vergessen zu machen. Das alles kostete. Du warst niemals zufrieden, selbst wenn die Kritiker dich mit Rosen überschütteten. Nein, jeden Abend arbeitetest du an dem Stoff weiter. Und das freudige Leuchten, wenn du deine verschiedenen Figuren immer besser in den Griff bekamst – das entsprang einem echt menschlichen und rein kindlichem Gemüt. Zum Glück konnte ich dich noch in der Tivoli-Revue in deinem letzten großen Erfolg sehen. Danke, dass du mich an dem Abend so schön veräppelt hast. Du wusstest ja, dass ich dich liebe. Nach der Vorstellung tranken wir ein paar Biere und verabredeten, bald bei mir zu Hause Billard zu spielen. Dazu kam es nicht mehr. Es ist überhaupt so viel, was wir nicht mehr geschafft haben – zu viel. Wie oft sagten wir, wir müssten uns unbedingt bald wiedersehen und taten es leichthin ab: ‚Dazu haben wir Zeit, wenn wir alt sind.‘

Du, der größte Komiker und Clown unserer Zeit, du bist nicht mehr unter uns, aber wo immer du nun auch bist und wenn du sehen kannst, was ich geschrieben habe, so weiß ich, dass du deine Hand hebst und sagst: ‚Na, na, na, Poul, keine Zensuren!' Doch dieses Mal bekommst du deine Zensur – und bleib ganz ruhig in deinem Himmel: Summa cum laude – in tiefster Dankbarkeit."

An einem Märztag 1981 starb mein anderer guter Freund aus der Theaterwelt, Preben Kaas. Er war der typischste Vertreter für den guten dänischen Humor und sein Lächeln war echt. Bis zum Schluss war er die Inkarnation eines Freundes, er hielt Wort und ließ nie jemanden im Stich. Er wurde nur fünfzig Jahre, seine schlechte Gesundheit und schwierige finanzielle Lage fraßen ihn auf. Er war Schauspieler, Regisseur, Autor, Entertainer und Intendant, er beherrschte alles, aber das hatte seinen Preis! Prebens gesundheitliche Talfahrt begann damit, dass er während einer Probe zu „Annie Get Your Gun" in den Orchestergraben fiel und sich das Rückgrat brach. Davon hat er sich nie ganz erholt. Aber was war sein erster Kommentar nach dem Unfall? „Na, was sagt ihr, ich hab genau die Pauke getroffen!"

Preben war ein naiver Mensch, was für ihn in künstlerischer Hinsicht enorm nützlich war, ihn aber ökonomisch ruinierte. Die letzten Jahre waren besonders schlimm. Er verlor seinen Hof und ging mit der Zirkusrevue Pleite. Es war eine Schande, dass es ihm so ergehen musste. Er war von der Natur so reich ausgestattet: Er war sehr musikalisch, hatte ein großes Schreibtalent, war ein guter Schauspieler. Es ist traurig, dass so viele gute, lebensfrohe Menschen viel zu früh sterben. Ich habe dem fröhlichen Jungen so viel zu verdanken. Gut, dass ich ihm das immer gesagt habe.

Ohne Dirch und Preben ist die Welt ärmer geworden.

Im selben Jahr drehten wir in Paris einen neuen Olsenbanden-Film. Es war eine herrliche Reise. Ich war noch nie in Paris gewesen, deshalb war ich in unserer sparsamen Freizeit – es wäre nicht Erik Balling gewesen, wenn wir nicht Tag und Nacht gedreht hätten – andauernd unterwegs, um so viel wie möglich von dieser schönen Stadt zu erleben. Die Aufnahmen fanden am linken Seineufer statt. In einer Pause ging ich dort einmal in meinem Olsenbanden-Kostüm in ein nahegelegenes Restaurant zum Mittagessen. Ich nahm an einem Tisch Platz und nach einer ganzen Weile erschien ein Kellner. Er blieb in einiger Entfernung von mir stehen, sah mich an – und ging. In den nächsten Minuten tauchten immer mehr Menschen auf und glotzten mich an. Ich tat so, als würde ich es nicht bemerken, und lachte im Stillen. Endlich trat der Kellner an meinen Tisch, und ich bat um die Weinkarte. Ich wählte einen sehr

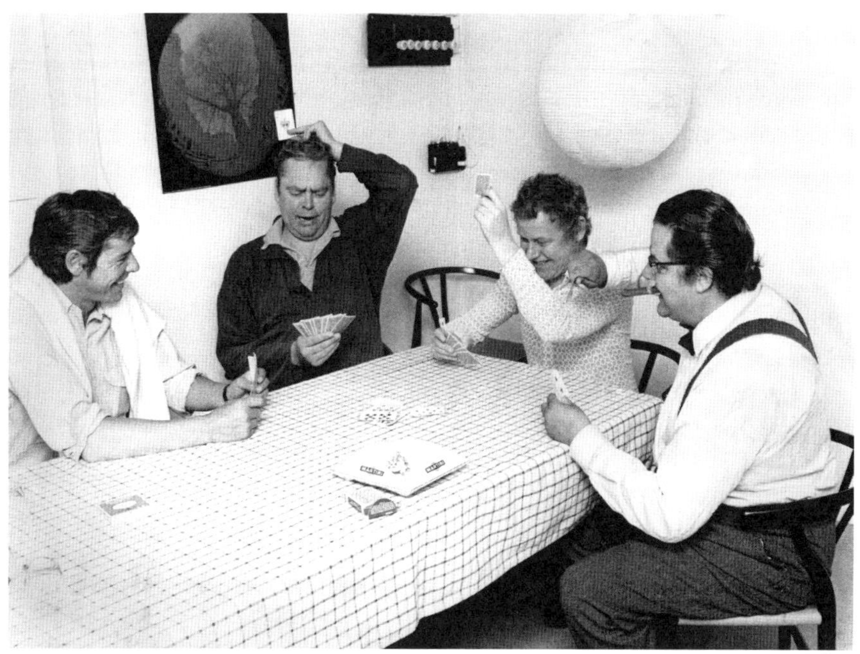

Fröhliche Kartenrunde mit Preben Kaas, Dirch Passer und Willy Rathnov. Von rechts.
(Foto: Unbekannt)

teuren Wein, 300 Kronen kostete der, so viel würde ich sonst nie für einen Wein ausgeben, aber nun wollte ich ihre Reaktion beobachten. Es dauerte auch nur einen Moment und der Wirt kam mit der Flasche. Ich hätte mir einen sehr teuren Wein ausgesucht, erklärte er. Ja, erwiderte ich, genau diesen Wein pflege ich zu trinken. Er nahm die Flasche wieder mit, war einen Moment später zurück und bat mich vielmals um Entschuldigung, aber er wolle erst das Geld haben, bevor er die Flasche öffne. Ich wühlte in meinen Taschen und zahlte. Nachdem er nun sein Geld bekommen hatte, beeilte er sich, den Wein zu entkorken, und schenkte mir ein. Ich ließ mir mit dem Kosten Zeit und befand schließlich: „Nun ja, ein wenig kalt, aber lassen Sie ihn ruhig da!“ Daraufhin wurde mir sofort ein besserer Tisch zugewiesen und sogar noch die Tischdecke ausgetauscht. Ich studierte die Speisekarte und bestellte ein fürstliches Mahl. Jetzt war ich akzeptiert, wahrscheinlich hielt man mich für einen gut betuchten exzentrischen Lebemann.

Und wie es ein wunderbarer Zufall wollte, steckten auf einmal Ove und Morten die Köpfe herein, entdeckten mich und machten es sich an meinem Tisch bequem. Auch sie natürlich im Kostüm. Ich setzte sie schnell ins Bild und sie bestellten ebenfalls jeweils eine teure Flasche Wein. Wieder kamen die Leute heraus, um diese drei merkwürdigen Gestalten anzuschauen. Wir aßen und tranken und waren danach wieder zurück bei Balling, alle um ein großes Erlebnis reicher. Ich konnte es mir nicht verkneifen, ich ging am selben Abend noch einmal in einem schwarzen Anzug dahin. Ihre Reaktionen sind unvergesslich. Was sie wohl gedacht haben mochten?

32 Amerika

Das herausragende Erlebnis des Jahres war die Reise nach Amerika, die Kirsten, Peter und ich unternahmen. Wir folgten einer Einladung der dänischen Vereine, bei der eine dänisch-amerikanische Bekannte allerdings kräftig nachgeholfen hatte.

Unsere erste Station war San Francisco. Eine alte Freundin, mit der ich in mehreren Operetten am Nørrebro Theater aufgetreten war, hatte alles vorbereitet. Ihr Mann und sie nahmen uns herzlich auf und ließen uns bei sich wohnen, solange wir in der Stadt waren.

Vor meinem ersten Auftritt hatte ich fürchterliches Lampenfieber. Als wir bei dem großen Hotel ankamen, in dem mein Konzert stattfinden sollte, war Peter plötzlich ganz aufgeregt: „Hast du die Leuchtreklame gesehen, Papa?“ Ich wandte mich um und sah in Riesenlettern: „Danish Americans welcome Poul Bundgaard.“ Meine Güte, machte mich das stolz – und nervös. Ein großes Auto nach dem anderen fuhr am Hotel vor, ich selbst ging mit wackligen Knien hinein und kam in unser Zimmer. Man muss mich wohl für jemand Besonderen gehalten haben, denn es sah aus wie im Film. Überall Wein, Whisky, Blumen und Unmengen an Obst und Käse. Dem anwesenden Kellner dankte ich freundlich – aber auch so, als sei ich das von meinen Reisen rund um die Welt gewohnt. Und dann hatte ich eine glänzende Idee, wie sich später herausstellen sollte: Ich ging raus und mischte mich unter das Publikum. Nach dem Konzert erfuhr ich, dass das noch nie jemand gemacht hatte.

Dann musste ich auf die Bühne, und als ich da stand und mich für den Begrüßungsapplaus bedankte, ertönte in meinen Ohren plötzlich ein furchtbarer Lärm. Ich hatte gerade eine Hörbrille bekommen und war natürlich noch nicht daran gewöhnt. Ich versuchte heimlich, die Lautstärke zu drosseln. Aber es hielt an. Schließlich schaltete ich das Hörgerät ganz aus. Damit war nun aber auch die Hilfe weg, die mir die Hörbrille verschaffen sollte – ich war am Schwimmen, wie man sagt. Da entdeckte ich im Publikum den bekannten Radiomann „Mücke“, der in die USA übergesiedelt war, und rief ihm zu: „Hör auf zu pfeifen, alte Mücke!“ Er lachte freundlich, aber ich hatte noch immer den verfluchten Lärm in den Ohren. Eigentlich höre ich noch ganz gut ohne Apparat, der ist einfach nur eine kleine zusätzliche Hilfe.

Auf einmal kam Peter mit einem großen Glas Whisky auf die Bühne gestürmt, rief fröhlich „Hier, altes Väterchen, du brauchst sicher einen Schnaps!“ und flüsterte: „Das Pfeifen kommt nicht von deinem Hörgerät, sondern den Mikrofonen.“ Wie war ich froh und nach ein paar Witzen über die Stromversorgung in Amerika hatte ich mich gefangen. Es war ein leichter Sieg, das Publikum wollte, dass der Abend ein Erfolg war, und so wurde er es.

33 Sechzig Jahre, Ritter und ein Wermutstropfen

1982 feierte ich meinen sechzigsten Geburtstag.

Diesen Tag werde ich nie vergessen. Dreihundert Gäste kamen den Tag über zusammen. Viele von ihnen waren schon morgens da. Ich war überwältigt und dankbar. Kirsten und ich fuhren in einer eleganten Pferdekutsche zum Nørrebro Theater, wo uns der Intendant mit Champagner erwartete. Dort hatte ja alles für mich begonnen. Danach fuhren wir durch die Stadt und grüßten die vielen netten Menschen, die am Wegesrand standen. Unser Ziel war die Börse, wo die Presse für mich ein unvergessliches Fest arrangiert hatte.

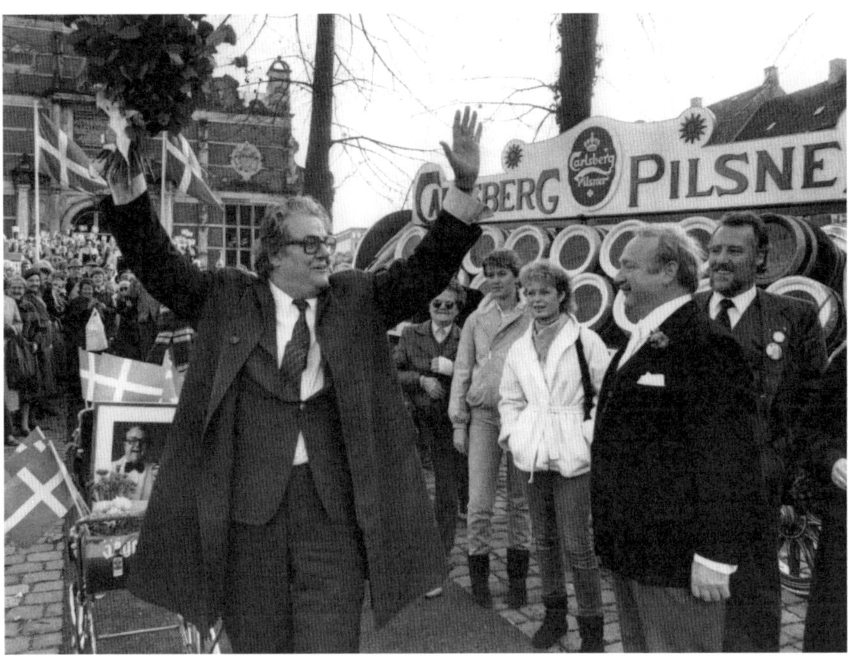

Vor der Börse in Kopenhagen.
(Foto: Steen Jacobsen)

Kein anderer Künstler hat mit seiner Arbeit zu so vielen öffentlichen Feierlichkeiten beigetragen wie Poul, sodass es nur angemessen war, wenn Wirtschaft, Vergnügungsindustrie und Boulevardpresse ihn feierten. Poul sagte immer, er lebe von der Presse und sie von ihm. Und so richteten sie ihm nicht nur den sechzigsten, sondern auch den siebzigsten Geburtstag aus, ohne dass er darum gebeten hätte.

Später lud unser Reisekönig Simon Spies meine Frau, unsere Kinder und mich zu einem formidablen Nachspiel ins Hotel Merkur ein. Er hatte für uns die Fürstensuite gebucht, die normalerweise 10 000 Kronen pro Nacht kostet, und ließ uns dort alles servieren, was die Welt an Speisen und Getränken kennt. In dieser Nacht kamen wir nicht ins Bett, alle halbe Stunde kam der Hoteldirektor mit einem edlen Champagner. Wie wir später erfuhren, hatte Simon noch am Vormittag meines Geburtstages einen Flügel gekauft und mit dem Kran in die Suite hochziehen lassen. „Poul braucht doch was zum Spielen!“, wie er sagte – auch wenn man in einer Wand einen Durchbruch machen musste, um den Flügel überhaupt reinzubekommen. Langweilig war´s nicht mit ihm!

Als wir unser Festessen beendet hatten, kam er in unsere Suite, um sich persönlich zu erkundigen, ob etwas fehle. Ganz im Gegenteil, wir bedankten uns vielmals bei ihm. Dann setzten wir uns an den Flügel und spielten vierhändig, aber er konnte nur ein Lied. Deshalb machte ich mit ein paar Liedern, die ich auswendig konnte, allein weiter. Er war glücklich wie ein Kind und jubelte: „Der Bursche kann´s ja wirklich! Nur gut, dass ich dir was zum Spielen gegeben habe.“ Sprach´s und ging frohen Herzens davon.

Ich wünschte mir, meine Eltern hätten das noch erleben können. Solch einen Tag hat eigentlich niemand verdient.

Poul liebte es, wenn man ihm huldigte, war aber umgekehrt der Erste, wenn andere geehrt werden sollten. Für die Taufe, Konfirmation und Hochzeit der Kinder und Enkelkinder schrieb er eigene Lieder. Und zu den Geburtstagen der Freunde hielt er Reden, bei denen sich alle vor Lachen bogen.

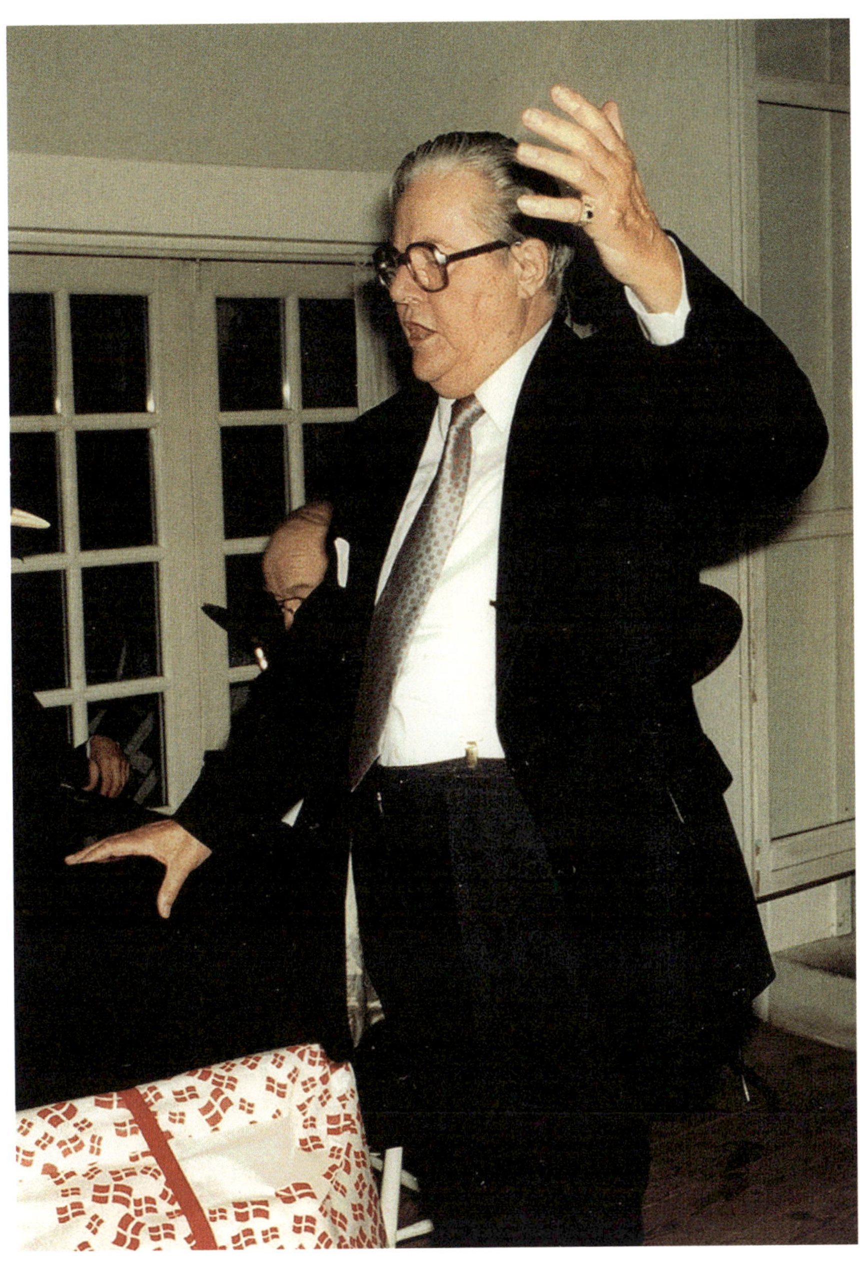

Poul in seinem Element.
(Foto: privat)

Und dann wurde ich von unserer Königin zum Ritter des Dannebrog ernannt. Ich weiß, dass das für viele nichts Besonderes ist. Vielleicht ist es aber auch die alte Geschichte von den Trauben, die zu hoch hängen. Ich war auf jeden Fall glücklich. Nun gab es zwei Ritter in unserer kleinen Familie, meine Frau und mich.

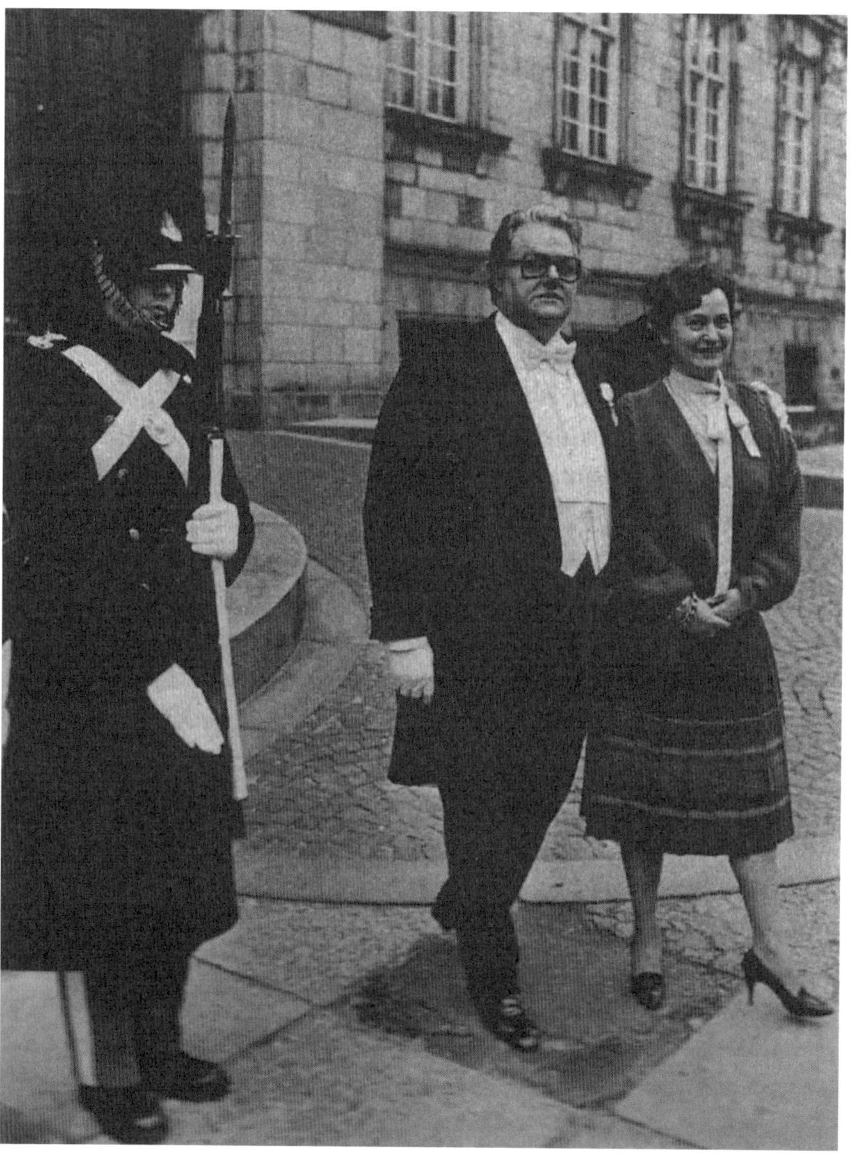

„Ich war so glücklich, aber Fotograf Vagn Hansen hat mich in einem schlechten Moment erwischt.“
(Foto: Vagn Hansen)

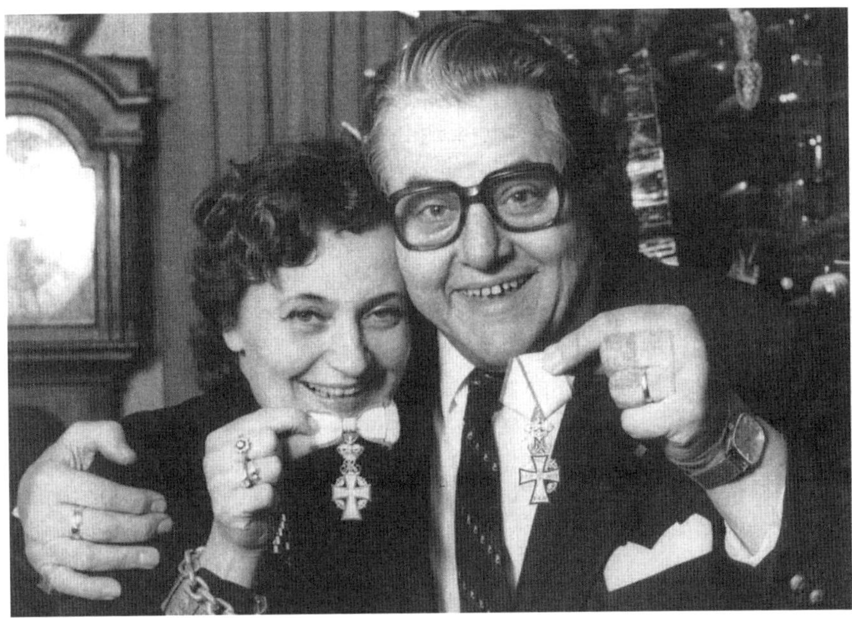

Zwei stolze Ritter.
(Foto: Nordfoto)

Kirsten und ich machten mit den Kindern 1984 ausgedehnte Ferien. Wir waren in der Schweiz, in Italien und in Spanien. Es tat gut, sich so lange erholen zu können. Ich merkte so langsam, dass ich das Tempo von früher nicht mehr durchhielt. Jetzt ging es mir am besten, wenn ich nicht dauernd herumjagen musste.

Ich genieße es, zu Hause zu sein. Kirsten und ich führen eine gute Ehe. Wir sind am liebsten allein, freuen uns aber auch über die Stunden mit unseren guten alten Freunden, die würden wir nicht missen wollen.

An unserem Wohlbefinden hatten auch unsere Kinder großen Anteil. Heute Morgen fand ich einen Zettel, den ich geschrieben hatte, als der letzte aus dem Haus ging. Daran kann ich erkennen, dass ich sehr weit unten gewesen sein muss. Ich kam nur schlecht mit ihrem Auszug klar. Jetzt habe ich mich in unserem neuen Leben zurechtgefunden. Aber damals schrieb ich:

„Plötzlich steht man da – oder besser gesagt – sitzt man da, denn man ist ja müde. Müde und niedergeschlagen. Das letzte der drei Kinder hat das Nest verlassen! Viele Jahre haben wir zusammengehalten und ein glückliches Leben gehabt.

Als erste ging unsere Tochter Helle, sie zog in eine eigene Wohnung. Es war schwer, darüber hinwegzukommen. Dann verschwand Steen. Er wollte sehen, ob er flügge war. Er war. Auch darüber kam ich erst nach längerer Zeit hinweg. Man tröstete sich natürlich damit, dass das nun mal der Lauf der Natur ist, und was es da sonst noch an Redensarten gibt. Die Freunde meinten: ‚Das ist doch ganz natürlich, alter Junge.' Aber das mussten sie mir nicht erst sagen, das weiß jeder, sogar ich. Aber der gewaltige Schock, der Schmerz, der sich wie Nebel über mein Gemüt legte – darauf war ich nicht vorbereitet. Manche Freunde sagten sogar: ‚Wenn meine Kinder doch auch nur ausziehen würden!' Das erschütterte mich genauso sehr. In meiner naiven Vorstellung empfinden alle Menschen – also Väter und Mütter – so wie ich. Zu leben bedeutet für mich, mit Frau und Kindern zusammen zu sein!“

Die beiden Ausgeflogenen, Helle und Steen, waren – und sind – so lieb, uns oft zu besuchen. Geholfen hat damals auch ein bisschen, dass unser Jüngster, Peter, noch viele Jahre bleiben würde. Er und seine Freunde erfüllten das Haus mit Jugend, wir nahmen immer noch an dem pulsierenden Leben teil, wir waren immer noch „richtige“ Eltern.

Heute sind es nur noch vierzehn Tage, bis auch er in seine eigene Wohnung zieht. Wir gönnen es ihm, wir lieben ihn und sind glücklich, dass es auch ihm so gut geht. Doch trotz aller ehrlichen Freude ist es ein Stich ins Herz: „Das war nun der letzte, jetzt brauchen sie unsere Nestliebe nicht mehr, wir sind fast überflüssig geworden, wir können uns zurückziehen!“ Ich bin plötzlich sehr alt und sehr müde geworden. Ich weiß, das ist der Lauf der Dinge, ich weiß, ich verhalte mich töricht, aber ich möchte sagen dürfen: „Ich bin traurig!“

Den „alten Jungen“ von damals verstehe ich immer noch. Aber heute haben Kirsten und ich gelernt, damit zu leben. Umso größer ist unsere Freude, wenn wir die Kinder sehen.

Kirsten und Poul waren ihren Kindern nicht nur Eltern, sie waren auch ihre Freunde. Und für die Freunde der Kinder ebenso. Bei Bundgaards gab es Regeln, aber keine Verbote. Haus und Garten waren zum Spielen da. Am Kühlschrank herrschte Selbstbedienung. Die größte Attraktion war der Pool. Papa Poul tollte mit allen lautstark im Wasser herum. Als sie größer waren, spielte er mit ihnen am Wochenende im Keller Billard und Tischtennis und spendierte eine Runde Bier, bevor sie in die Stadt weiterzogen.
Häufig kamen da zehn bis zwanzig Teenager zusammen. Und manch einer von ihnen saß zwischendurch auch mit seinem ersten Liebeskummer oben im Wohnzimmer und schüttete den Bundgaards sein Herz aus.

34 Das ist dein Leben

Im Herbst waren Kirsten und ich wieder einmal in „meinem Rom". Wie immer hatten wir einen schönen Urlaub. Man wird dieser großen Stadt mit diesen vielen Erinnerungen an frühere Zeiten einfach nicht überdrüssig. Ich fühlte mich etwas unpässlich, deshalb suchten wir einen holländischen Arzt auf, den ich noch aus der Zeit kannte, als ich in Rom wohnte. Er war wie gewohnt verständnisvoll und freundlich, hätte uns aber fast um unsere Reise gebracht, als er schließlich sagte: „Ja, Bundgaard, Ihr Gesundheitszustand ist trotz Ihres Gewichts und Ihres Diabetes gut, aber ich muss Sie darüber informieren, dass Sie innerhalb der nächsten drei Jahre einen Schlaganfall bekommen werden." Das saß! Wäre es mir nicht schon bei meiner Ankunft schlecht gegangen, dann spätestens jetzt. Im Laufe der nächsten Tage gewann ich jedoch ein wenig Abstand, nicht ahnend, dass er recht behalten sollte.

Eines Nachmittags saß ich bei einem guten Essen im Restaurant Prag in Amager. Ein halbes Dutzend meiner besten Freunde war anwesend. Ich hatte Glück mit meinen Witzen, sie kamen gut an, so gut, dass es mich schon wunderte. Das Menü hatte ein französischer Koch zubereitet, erzählten mir die anderen. Als er hereinkam, applaudierten wir ihm höflich. Ich merkte den anderen an, dass irgendetwas nicht stimmte, sah mir den „französischen" Koch genauer an und erkannte in ihm einen meiner guten Bekannten. Da war mir klar, dass ich das Thema der abendlichen Fernsehshow „Her er mit liv" (*Das ist mein Leben*) sein sollte. Deshalb also dieses höfliche Gelächter über meine alten Witze! Das Fernsehen hatte am Vormittag ein Loch in die Wand zu unserem Raum gebohrt und danach einen Spiegel davorgehängt, um mich unbemerkt filmen zu können. Ein Kollege vom Fernsehen nahm mich mit zu sich nach Hause, damit ich nicht weglaufen konnte, denn ich traute mich fast nicht in die Show. Der Abend verlief dann aber, ehrlich gesagt, ausgezeichnet und ich habe ihn auch genossen. Aber vor der Livesendung hätte ich mich am liebsten verkrochen, so aufgeregt war ich. Das wurde auch nicht besser, als ich ins Studio kam, denn da sah ich in der ersten Reihe meine drei Kinder und Kirsten mit blassen Gesichtern sitzen.

Sie hatten wirklich Aufwand betrieben und sogar meine Jugendliebe Eva gefunden, obwohl sie jetzt in Holland wohnte. Auch meinen alten Chef von der Konsumgenossenschaft hatten sie aufgespürt. Als sich im Hintergrund ein Vorhang hob, kamen ein paar Italiener zum Vorschein, die Lieder ihrer Heimat spielten.

An dieser Stelle waren die Fernsehleute übrigens ziemlich nervös gewesen, weil ich etwas zu lange für meine Antwort brauchte, was ich gern geworden wäre, wenn nicht Däne. Zum Glück sagte ich Italiener. Dann musste ich auch eine meiner eigenen Kompositionen vortragen, ein Lied, das ich nach dem Tod meiner Mutter geschrieben hatte. Mir war himmelangst, es nicht mehr zu können. Zu den Gästen der Show gehörten auch meine alten Kollegen vom Nørrebro Theater wie Poul Reichhardt und meine Gesangslehrerin. In einem Einspielfilm erzählten meine beiden italienischen Freunde lauter nette Dinge über mich. Und ganz zum Schluss trat noch mein nordischer Lieblingssänger auf, der Opernsänger Per Grundén, der geradezu unwirklich schön singt. Ein kolossales Erlebnis für mich alten Knaben!

Alles war so heimlich vonstattengegangen, dass ich keine Ahnung gehabt hatte, was da vor sich ging. Eines Tages musste sogar ein Nachbar schnell durch die Küchentür raus und über die Hecke springen, weil ich etwas früher als geplant nach Hause gekommen war. Das muss ein hübscher Anblick gewesen sein, wie in den Cartoons, wo der Liebhaber der Ehefrau um sein Leben rennt! Gott weiß, was unsere anderen Nachbarn gedacht haben mögen.

35 Feste und Frohsinn

In vergilbten Zeitungen von 1986 habe ich alte Witze über mich gefunden.

In der Zoohandlung. Der Kunde: „Der Kanarienvogel, den Sie mir vorgestern verkauft haben, singt sehr schön, kann aber nicht fliegen." Verkäufer: „Na, sagen Sie mal, was soll Poul Bundgaard denn noch alles können?"

Und ein anderer: „Wusstest du, dass Poul Bundgaard einmal im Ballett getanzt hat?" „Nein, ist die Bühne deshalb heute so schräg?"

Niedlich, oder?

Ich liebe Feste und ergriff auch die Gelegenheit, als Kirsten fünfzig wurde. Ich trommelte fünfzig Freunde zu einer Feier im Hotel Scandinavia zusammen. Alle waren in genau der richtigen Stimmung, die so wichtig ist für ein schönes Fest. Was für ein Abend! Wir hielten jede Menge Reden und priesen alle Kirstens großes Talent. Sie wussten, dass Kirstens Herzlichkeit und einzigartiges Verständnis für mich der Nährboden für unsere gute Ehe war. Wie Recht sie haben! Mit mir zusammenzuleben ist nicht leicht, aber meine Liebe zu meiner Frau, die ist echt! Das weiß Kirsten und sieht über meine Fehler hinweg.

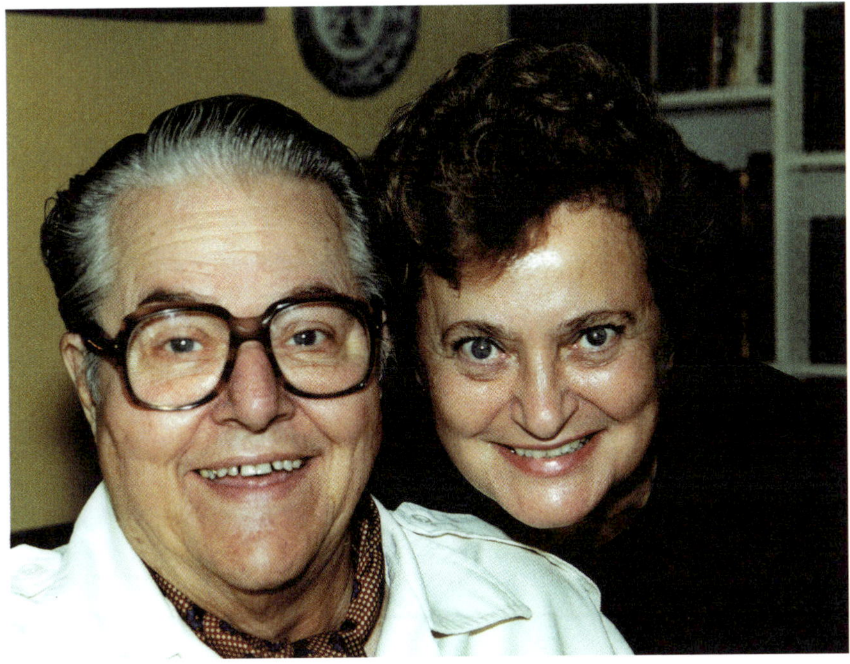

Eine große Liebe.
(Foto: privat)

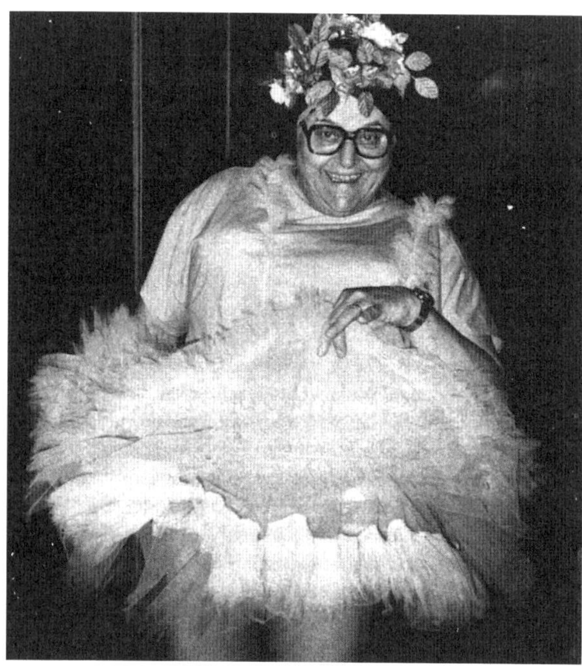

Für jeden Spaß zu haben. (Foto: privat)

Für Poul war die Ehe ein Geschenk und zugleich tägliches Bemühen. Von Anfang an müsse man Achtung voreinander haben und lernen, miteinander und nicht gegeneinander zu arbeiten. Den größten Beweis seiner Liebe gab er Kirsten, als er sie kurz vor seinem Tod aufforderte, sich einen neuen Mann zu suchen.

Während des Festes erhob sich Peter, um einen alten Freund seiner Mutter vom Königlichen Theater anzukündigen, der nun ihr zu Ehren tanzen würde. Mein liebenswürdiger Begleiter, Niels Bondesen, setzte sich an den Flügel, schlug ein paar feierliche Akkorde an und hereintanzte – umtost von begeisterten Jubelrufen – ich! Ich hatte eines ihrer Soli aus dem Ballett „Neapel" gelernt, natürlich nicht ganz richtig, aber einige Schritte konnte sie erkennen. Dazu sang ich ein Lied, das ich zu diesem Anlass geschrieben hatte. Nach jeder Strophe musste ich zum Flügel, um mich anzulehnen und zu verschnaufen. Die Freunde dachten, ich mache Spaß, aber ich kann versichern, das war es nicht. Mir ging wirklich fast die Puste aus und nach diesem Tanzgesang hatte ich noch größere Achtung vor Tänzern. Es kam natürlich gut an. Ich schreibe „natürlich", weil ich ein Ballett-Tutu trug. Gut, dass ich mich nicht selbst sehen konnte, das muss ein furchtbarer Anblick gewesen sein.

Aber damit nicht genug. Im selben Jahr konnte ich mein vierzigjähriges Jubiläum feiern, und das tat ich. Ausgiebig.

36 Silberhochzeit

1987 ist vor allem das Jahr unserer Silberhochzeit.

Die Kinder hatten für unseren großen Tag geschraubt und gehämmert und morgens wurden wir von festlicher Hornmusik geweckt. Wir taumelten aus dem Bett, streiften unsere Morgenmäntel über und gingen auf den Balkon im ersten Stock. Die Straße war voller Menschen und die Hornmusik spielte „Det er så yndigt at følges ad“ (*Es ist so schön an deiner Seite*). Das war zu viel für uns, wir mussten vor Freude weinen, was für ein schönes Erlebnis! Wie immer zwingen einen große Erlebnisse dazu, zurückzuschauen und sich zu erinnern. Weder Kirsten noch ich konnten begreifen, dass schon fünfundzwanzig Jahre vergangen waren. Wie lebensbejahend war es, dass wir beide einander ganz ehrlich „Tausend Dank“ sagen konnten. Auf dem Weg zu den Gästen wischten wir uns schnell die Tränen weg, aber als wir die Haustür öffneten und die festliche Dekoration unserer Kinder sahen, rollten sie wieder.

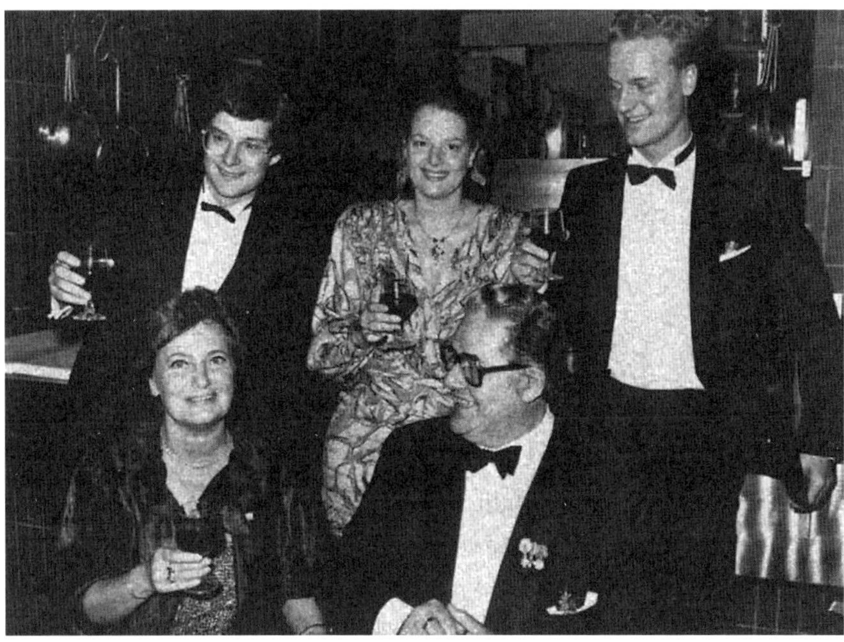

Glückliche Tage.
(Foto: privat)

Auf der Straße winkte uns der Verkehrsradio-Chef zu seinem Auto, wir sollten schnell die Nachrichten hören. Darin bekamen wir einen schönen Gruß, ein herrlicher Tagesbeginn! Auf einmal tauchte ein Lastwagen auf, ein Mann sprang heraus und stellte zwei Fahrräder auf die Straße. Das war das Geschenk einer Illustrierten. Was für eine originelle Idee!

Für den Abend hatten wir sechzig Gäste eingeladen, mit denen wir einen Ausflug ins Blaue machen wollten. Niemand wusste, wohin es gehen sollte.

Die Dänische Staatsbahn hatte unserer Festgesellschaft einen eleganten Ausflugswaggon bereitgestellt. Im Zug servierte man die köstlichsten Happen und Champagner, gestiftet von der SAS und vom Verkehrsradio, und so kamen wir gegen 18 Uhr in bester Stimmung in Helsingør an. Auf dem Bahnsteig spielte die Mädchengarde der Stadt – das war anrührend und schön. Eine Nummer durfte ich dirigieren, was ich sehr genoss. Dann begaben wir uns in das Restaurant Sundkrug, das sich im Bahnhofsgebäude befindet. Dort aßen wir ganz vorzüglich zu Abend, unter anderem eine vollendete Hummersuppe. Keiner der Gäste hatte je zuvor so eine Suppe gegessen: Statt nach dem Hummer mussten wir nach der Suppe suchen.

Ich muss noch kurz erzählen, dass uns die Kinder zur Silberhochzeit ein Rennpferd vornehmster Abstammung schenkten. Es hat uns viel Freude bereitet und ungefähr 180 000 Kronen eingelaufen, aber da es uns bis heute mit Training, Box, Futter und Hufeisen, Tierarzt und teuren Reitern aus England auch die Kleinigkeit von 180 000 Kronen gekostet hat, ist es gerade mal aufgegangen. Wenn es nun allerdings nichts gewonnen hätte, wäre es ein teures Vergnügen geworden. Es ist außergewöhnlich schön und heißt deshalb zu Recht „She´s a beauty“ und hat bei einem bekannten Trainer eine Box mit Aussicht. Ich sehe dem Pferd gern auf der Galopprennbahn in Klampenborg zu, möchte ihm aber nicht allzu nahekommen. Damit es gewinnt, habe ich mir einen Trick ausgedacht. Ich gehe gerade so weit heran, wie ich mich traue, und flüstere in sein Ohr: „Wenn du nicht gewinnst, reite ich dich das nächste Mal!“ Und dann gewinnt es.

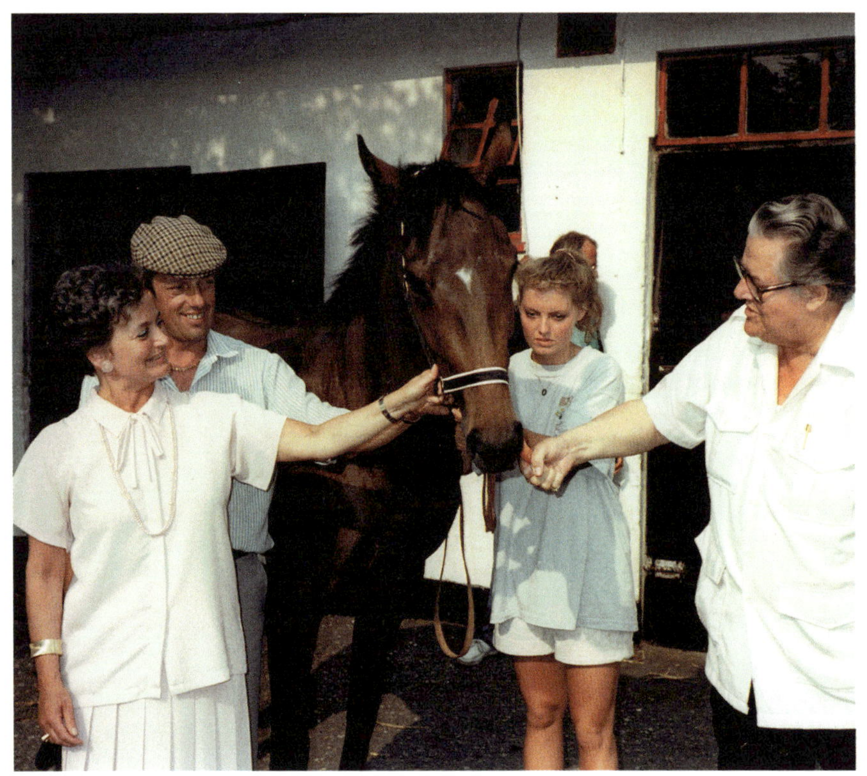

„She´s a beauty" – diesmal ist nicht Kirsten, sondern das Pferd gemeint. (Foto: privat)

37 Heute

1988 heiratete unsere Tochter Helle einen netten Jungen, Henrik. Die Hochzeit fand in der Hørsholm-Kirche statt, wo Helle auch getauft wurde. Sie hatte mir ein Jackett geschenkt, wie ich noch nie eines besessen hatte, und auf dem Kopf trug ich einen hohen, grauen Hut von Helles Großvater, meinem ersten Schwiegervater, dem Oberarzt. Ich machte also richtig was her. Wie sicher alle Väter, die ihre Tochter zum Bräutigam führen, war ich ziemlich nervös, diesmal aber angenehm nervös. Es war ein Genuss, so ein herzensgutes, schönes Menschenkind zu begleiten. Nach der Kirche fuhren wir zum Brautpaar nach Hause und feierten ein ausgelassenes Fest. Wir waren an die hundert Gäste und wünschten ihnen alle ein langes, glückliches Leben.

Am Abend trafen sich die engsten Freunde zu einem Festessen im Søllerød Krug. Nun war also das erste Kind verheiratet, mal sehen, wann sich die anderen trauen, ich möchte ja gern noch alles miterleben.

Ende März sah alles noch licht und freundlich aus. Kirsten und ich gingen mit dem Hund abends Gassi. Mir tat mein linkes Bein etwas weh, aber in meinem Alter tut immer irgendwo etwas weh. Als wir ins Bett gingen, sah ich, dass das Bein geschwollen war. Das gefiel mir ehrlich gesagt gar nicht, deshalb rief ich Steens Verlobte Pia an, sie ist Ärztin. Sie riet mir, entweder den Notarzt zu rufen oder selbst ins Amtskrankenhaus von Gentofte zu fahren. Wir entschieden uns für einen Notarzt, und der war auch schnell da. Ich tat das Ganze ein bisschen ab und sagte, dass sicher nichts weiter dabei sei und ich im Übrigen am nächsten Tag zu einem Auftritt nach Århus müsse. Er war nett und freundlich, aber als er das Bein gesehen hatte, sagte er: „Sie werden morgen nicht nach Århus fahren, Sie kommen jetzt mit in die Klinik!"

Da ich bei Krankheiten alles andere als mutig bin, musste ich erst mal schlucken: „Na gut, dann fahren wir mal hin und zeigen ihnen das Bein." Wir fuhren in die Klinik und wie gewohnt, war Kirsten dabei, zum Glück. Nachdem wir eine Stunde gewartet hatten, kam der wachhabende Arzt, sah das Bein und befand: „Sie bleiben hier." Ich protestierte schwach und erklärte ihm in ausgesuchten, wohlgesetzten Worten, dass ich dafür leider keine Zeit hätte, ich müsse nach Århus und singen – „aber wenn Sie meinen, dass es verrückt ist, nicht hier zu bleiben, mache ich natürlich, was Sie sagen." Auf diese Weise hatte ich ihm die Verantwortung übertragen.

Der Arzt sah mich an: „Verrückt? Tja, wenn Sie plötzlich ein Blutgerinnsel in der Lunge haben, ist das eine ernste Sache und überhaupt nicht komisch." Ich willigte schnell in die Einweisung ein.

Danach schob man mich auf einer Trage durch viele lange Flure. Allmählich verschwand meine eigene Identität und ich hatte meinen alten Vater deutlich vor Augen. Ich hatte ihn ja im Laufe der Jahre in verschiedenen Kliniken besucht. Dieses Gefühl wurde am nächsten Tag noch stärker, als meine Kinder am Fußende standen und ihren Vater liebevoll anlächelten, der nun *richtig* alt war. Inzwischen war es fünf Uhr geworden, nun kam das Schwerste auf mich zu: der Abschied von Kirsten. Sie sagte leise: „Bis morgen, Väterchen!" Ich winkte ihr lieb hinterher, dachte aber: „Ja, mein Gott, werden wir uns denn wirklich morgen wiedersehen?"

Am nächsten Morgen kam ich zum Röntgen, wo sie einige Aufnahmen machten. Dann wieder zurück in mein Zimmer, wo mir nach einer Stunde ein außergewöhnlich sympathischer Arzt mitteilte: „Sie können leider nicht nach Århus, Sie haben ein Blutgerinnsel im Bein." Ich fühlte mich nicht besonders wohl bei dem Wort „Blutgerinnsel". In punkto Krankheiten bin ich eine Memme. Aber es sollte noch schlimmer kommen. Am Abend kam der Arzt nämlich noch einmal und sagte: „Ich wollte es nicht glauben, aber leider haben Sie in jedem Lungenflügel ein Blutgerinnsel!" Amen, sagte es in mir.

Am nächsten Tag war Kirsten die ganze Zeit bei mir, was meine Stimmung etwas besserte. Am Nachmittag kamen die Kinder, füllten das ganze Zimmer mit Blumen und statteten mich mit einem kleinen Fernseher, einem Autotelefon und einem kleinen Radio aus, das war natürlich schön. Auch das Personal auf meiner Station war freundlich und liebevoll. Nach einer Woche im Krankenhaus kam ich wieder nach Hause.

Wie schön war es, einfach nur so wieder von Raum zu Raum zu wandern. Um anderen ihre eventuelle Angst vor dieser Krankheit zu nehmen, kann ich hier ehrlich sagen: „Bleibt gelassen, Freunde, am schlimmsten ist das Wort ‚Blutgerinnsel'. In den meisten Fällen wird alles wieder gut. Man muss einfach nur für den Rest seines Lebens einmal am Tag winzige Tabletten einnehmen, die das Blut verdünnen. Also, habt bloß keine Angst, so wie ich sie hatte."

Epilog

Es ist eigenartig, sein Leben zu erleben, indem man darüber schreibt. Vieles hatte ich fast vergessen, und das, was ich noch wusste, war sicher von der Erinnerung etwas eingefärbt.

Vieles machte mich glücklich, nur wenig stimmte mich traurig. Viel ist es nicht, was ich hätte anders machen wollen. Vielleicht das, wo ich mich am meisten blamiert habe? Aber wenn ich an meinen Dummheiten etwas ändern würde, wäre ich nicht mehr ich, und im Übrigen kann ich Altklugheit nicht leiden. Die wenigen richtigen Ohrfeigen, die mir das Leben versetzt hat, habe ich ganz sicher verdient, und bestimmt haben sie mir auch geholfen zu reifen.

Wenn man älter wird, hat man Zeit, sich noch mehr an kleinen Dingen zu erfreuen, weil das Leben einen gelehrt hat, dass nichts selbstverständlich ist. Man wird mit den Jahren toleranter, der Drang, den Jungen gegenüber immer alles besser wissen zu wollen, wird weniger. Sie müssen auch aus ihren Fehlern lernen, genau wie wir. Ich bin jeden Tag dankbar, die Kinder und Kirsten um mich zu haben, ich freue mich über ihre Liebe und hege dieselben Gefühle ihnen gegenüber.

Shakespeare schrieb in einem Sonett:

Die Zeit des Jahres kannst du an mir sehn,
Wenn, kaum mit wenig gelbem Laub behangen,
Die Zweige zittern in der Fröste Wehn,
Verfallnen Chören gleich, wo einst die Vögel sangen.
Ein solches Dämmerlicht stell´ ich dir vor,
Wie, wenn die Sonne sank, im Westen bleichet;
Allmählich hüllt´s die Nacht in trüben Flor.

Ob unser eigener Dichter Steen Steensen Blicher das wohl kannte, als er sein so wundervoll wehmütiges „Die Zeit wird kommen, wenn ich weg muss“ schrieb?

Ich hatte das Glück, in Samuel Becketts „Warten auf Godot“ mitzuspielen, und am Ende des Stückes heißt es: „Eines Tages wurden wir geboren, eines Tages sterben wir, am selben Tag, im selben Augenblick, genügt Ihnen das nicht? Sie gebären rittlings über dem Grabe, der Tag erglänzt einen Augenblick und dann von neuem die Nacht.“

Zum Schluss möchte ich noch sagen, dass ich im Alter eines begriffen habe: Pflege deine Freunde und sei milde gegenüber deinen Feinden.

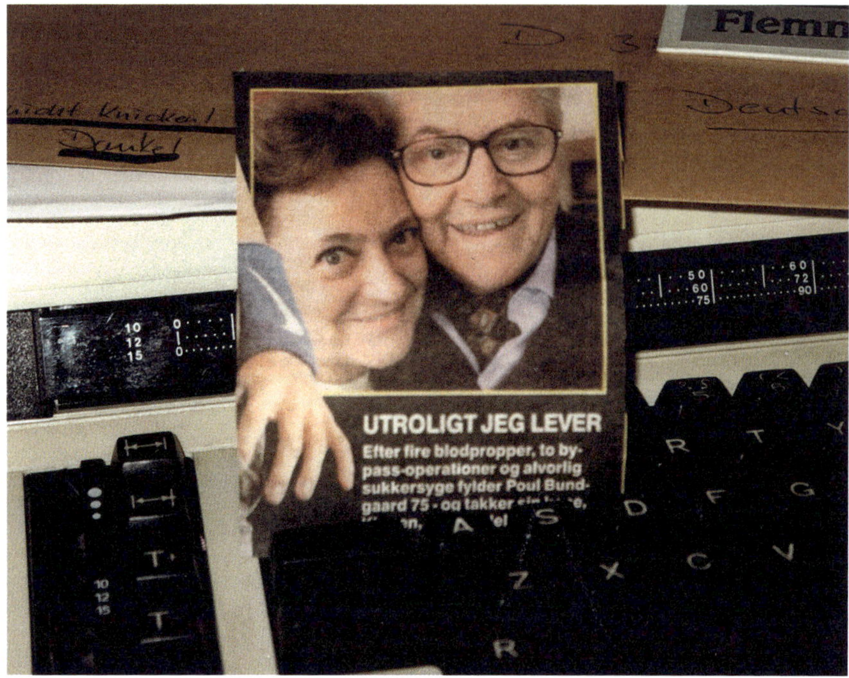

Kränker als die Umgebung ahnte. Auf der Schreibmaschine der Auszug aus einer Zeitschrift:
„Kaum zu glauben, aber ich lebe! Nach vier Blutgerinnseln, zwei Bypass-Operationen und schwerer Diabetes wird Poul Bundgaard 75 und dankt …“
(Foto: privat)

Nachdem Poul Bundgaard diese Erinnerungen 1988 geschrieben hatte, waren ihm noch zehn Jahre vergönnt. Seinen fünfundsiebzigsten Geburtstag konnte er noch mit großem Bahnhof bei Nordisk Film feiern. Er, der so gern gefeiert hatte. Aber es waren schwere, wechselvolle Jahre, in denen er kränker war, als die Umgebung ahnte.

Zwischendurch erholte er sich, einmal sogar soweit, dass er wieder Theater spielen konnte als Kaiser von Österreich in „Sommer in Tirol“. Zwar hatte er immer noch Bühnenangst, weshalb er vierzehn Jahre zuvor mit dem Spielen aufgehört hatte. Doch der Intendant konnte ihn überreden, weil er sich in der Rolle mit einem Kollegen abwechselte. Poul wurde bejubelt und war glücklich. In den schwersten Zeiten seiner Krankheit lag er in einem Pflegebett. Damit ließ er sich überall hinbringen, wo seine Familie sich gerade aufhielt. Er wollte an allem teilhaben und keine Sekunde versäumen. Darum schlief er auch weniger, als für ihn gut gewesen wäre. Seine Frau Kirsten pflegte ihn. Er sei ein überaus dankbarer und guter Patient gewesen, sagt sie – vielleicht zu gut.

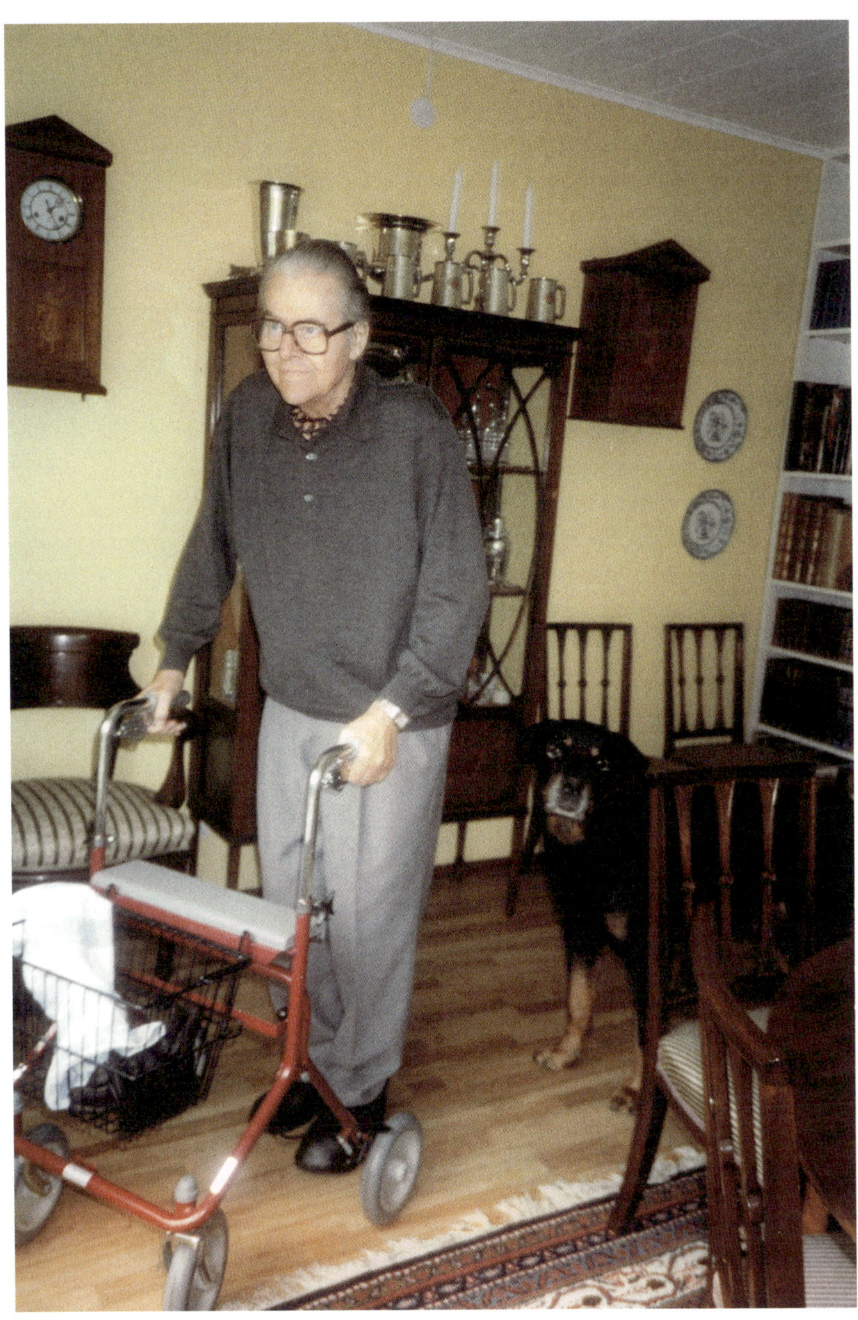

Poul war ein guter Patient – vielleicht zu gut.
(Foto: privat)

Lieber wäre ihr der gesunde Poul mit seinen blitzartigen Wutausbrüchen gewesen. Technik konnte ihn wahnsinnig machen. Die Gebrauchsanweisung interessierte ihn nicht, es hatte zu funktionieren. Poul war ein Fotonarr und fotografierte alles Mögliche und Unmögliche, volle Teller, leere Teller, leere Räume, meist mit seinem Daumen drauf. Feinmotorik war nicht seine Sache. Mindestens fünf, sechs Fotoapparate besaß Poul. Bei gesellschaftlichen Terminen musste Kirsten mindestens zwei Kameras und einen extra Film in ihrer kleinen Abendtasche unterbringen. Wenn er eine neue Kamera gekauft hatte und sie nicht in Gang bekam, konnte es passieren, dass er sie in die Ecke schleuderte, darauf herumtrampelte und schrie. Einmal nahm er sogar einen Spaten und hackte sie kurz und klein. Kirsten ging derweil in die Küche. Sie wusste, nach einer Minute würde es vorbei sein. Dann kam sie wieder herein und küsste ihn auf die Wange. Er hatte eben Temperament, das braucht ein Künstler, ansonsten kommt er nicht über die Rampe, sagt Kirsten lakonisch.
Sein Temperament hätte Poul im letzten Film der Olsenbande einsetzen können. Kjeld sollte aus seinem Rollstuhl aufstehen und Egon nach allen Regeln der Kunst herunterputzen. Das blieb Poul verwehrt.

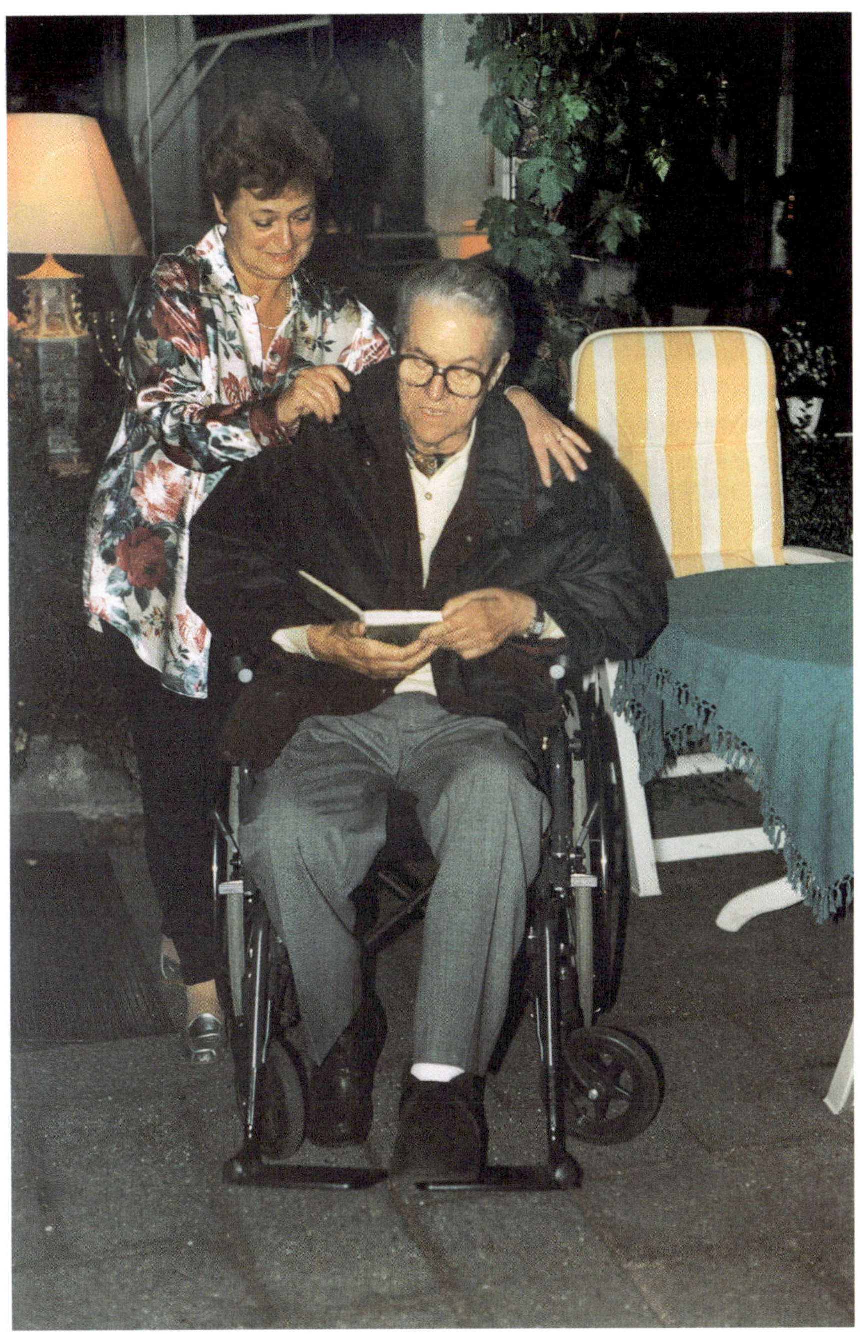

Trotz Krankheit ein liebevolles Zusammenleben.
(Foto: privat)

Dass es überhaupt zu einem letzten Film kam, war Zufall – oder Fügung. Eigentlich hatten Balling und Bahs nach dem Tod von Kirsten Walther beschlossen, keinen neuen Film mehr zu machen, weil sie nicht auf Yvonne verzichten konnten. Dann jedoch wünschte sich das Energieministerium einen Reklamefilm mit der Olsenbande, in dem es um Kühlschränke mit niedrigem Verbrauch gehen sollte. Kjeld hatte sich einen neuen Kühlschrank angeschafft, kam damit aber als Witwer allein nicht zurecht. Deshalb sollte ihm Egon beim Installieren helfen. Benny war bei der Aussicht auf ein paar kühle Bierchen mit von der Partie. Ihre Gage war so hoch wie sonst für einen ganzen Spielfilm – was die ohnehin schon gute Stimmung noch mehr hob. Die Atmosphäre war wie früher, zumal sich Poul, Ove und Morten auch in all den Jahren dazwischen regelmäßig gesehen hatten. Geplant waren drei Drehtage. Nach zwei Tagen waren sie fertig und fragten: Und was machen wir morgen? Warum nicht einen neuen Film?

Den hatte sich Poul schon alle Jahre gewünscht. Jedes Mal, wenn er im Fernsehen war – und das war er oft – sprach er von einem letzten Olsenbanden-Film. Nach dem Reklamefilm war Poul regelrecht besessen davon und schlug sogar eigenes Geld dafür vor. Morten Grunwald meint, Poul habe gespürt, es geht zu Ende, und wollte als echter Künstler noch einmal in die Manege.

Bei Balling und Bahs hatte die Idee gezündet, doch sollte die Verwirklichung noch bis 1998 dauern. Bahs bedauerte nach dem Film, dass sie ihn nicht früher gemacht hatten, aber hinterher sei man ja immer klüger.

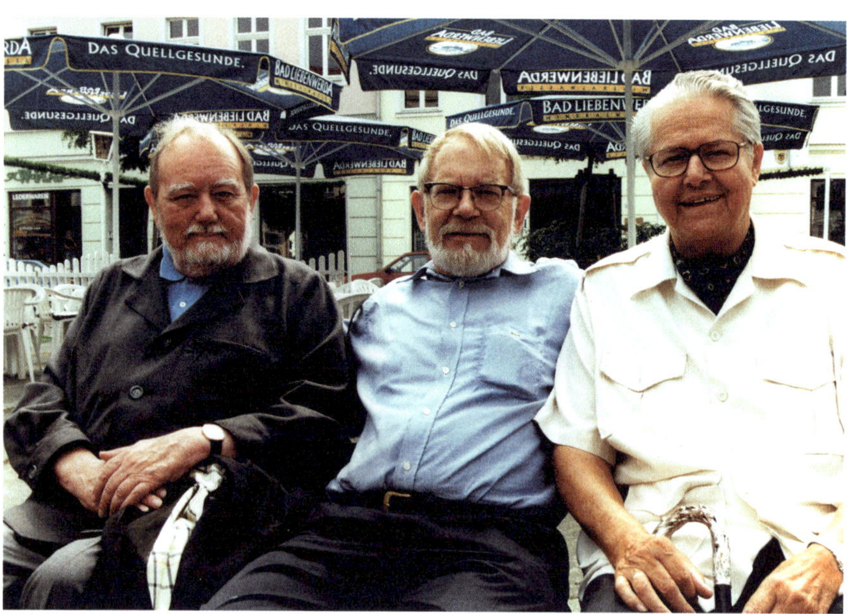

Mit Balling und Bahs 1997 in Cottbus.
(Foto: Frank Eberlein)

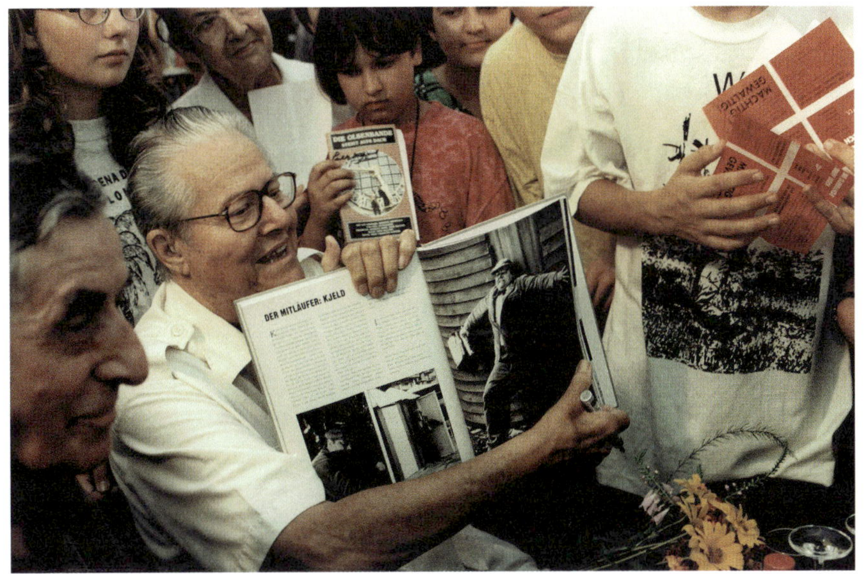

Mit Egon Olsens Synchronsprecher, Karl Heinz Oppel, inmitten von Fans.
(Foto: Frank Eberlein)

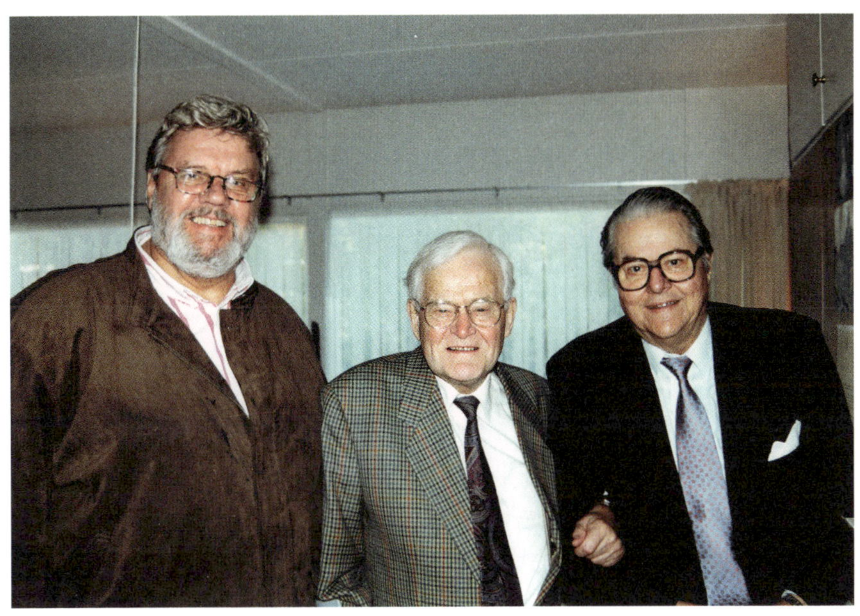

Die Olsenbande privat.
(Foto: Frank Eberlein)

Feste arbeiten, Feste feiern. Dreihundert Prozent leben. So war Poul bis zum Schluss: Freitag vor Pfingsten 1998. Poul bedankt sich bei den Kollegen, die Krankenschwester fährt ihn nach Hause. Er ist müde von der Arbeit, aber glücklich. Im Auto erzählt er, dass sein Freund Dirch Passer auf die beste Art und Weise gestorben sei, wie ein Schauspieler sterben kann – auf der Bühne. Und dass er sich auf den kommenden Abend freue. Da würden Kirsten und er mit ein paar Freunden grillen.
Dienstag nach Pfingsten ruft Kirsten morgens am Filmset an, dass sie mit Poul in die Klinik müsse, weil er Schmerzen in den Beinen habe, aber sie würden gleich danach kommen, er habe sein Kostüm schon an. Poul kommt nicht. Am anderen Tag ist er tot.
Als die Radiohörer von Giro 413 die Nachricht hörten, wünschten sie sich ein Lied von ihm, das ihm in seiner anderen Welt ganz sicher gefallen hat: „Bordets glæder" – Tafelfreuden.

Auf Wiedersehen, Poul!

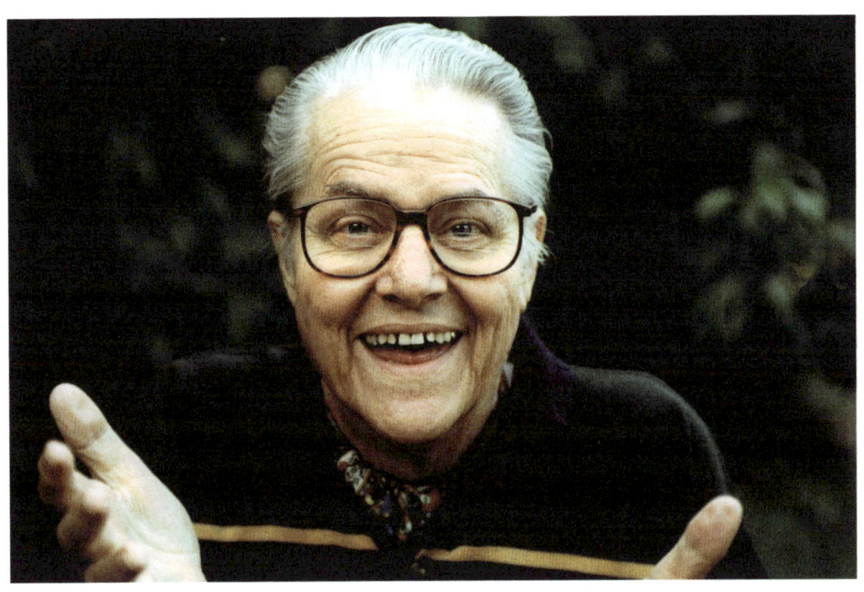

Abbildungsverzeichnis

Titelfoto: Rolf Konow, Kopenhagen

Eberlein, Frank: S. 164, 165 (1, 2)
Grunwald, Morton: S. 131, 132
Hansen, Vagn: S. 146
Kjelstrup, Olaf: S. 48
Melchiors, Birthe: S. 10
Mydtskov, Rigmor/Huset Mydtskov: S. 87
Nordfoto: S. 147
Teatermuseet i Hofteatret, Kopenhagen: S. 38, 39

picture alliance/Ritzau Scanpix Denmark:
Andersen, Ebbe: S. 117
Berger, Mogens: S. 115
Christensen, Emil: S. 105
Jacobsen, Steen: S. 143
Melchiors, Birthe: S. 51
Nyholm, Leif: S. 113
Pejstrup, Per: S. 109
POLFOTO: S. 42
Unbekannt: S. 139

Alle nicht aufgeführten Abbildungen stammen aus dem Archiv der Familie Bundgaard.